KB242515

1020 극우가 온다

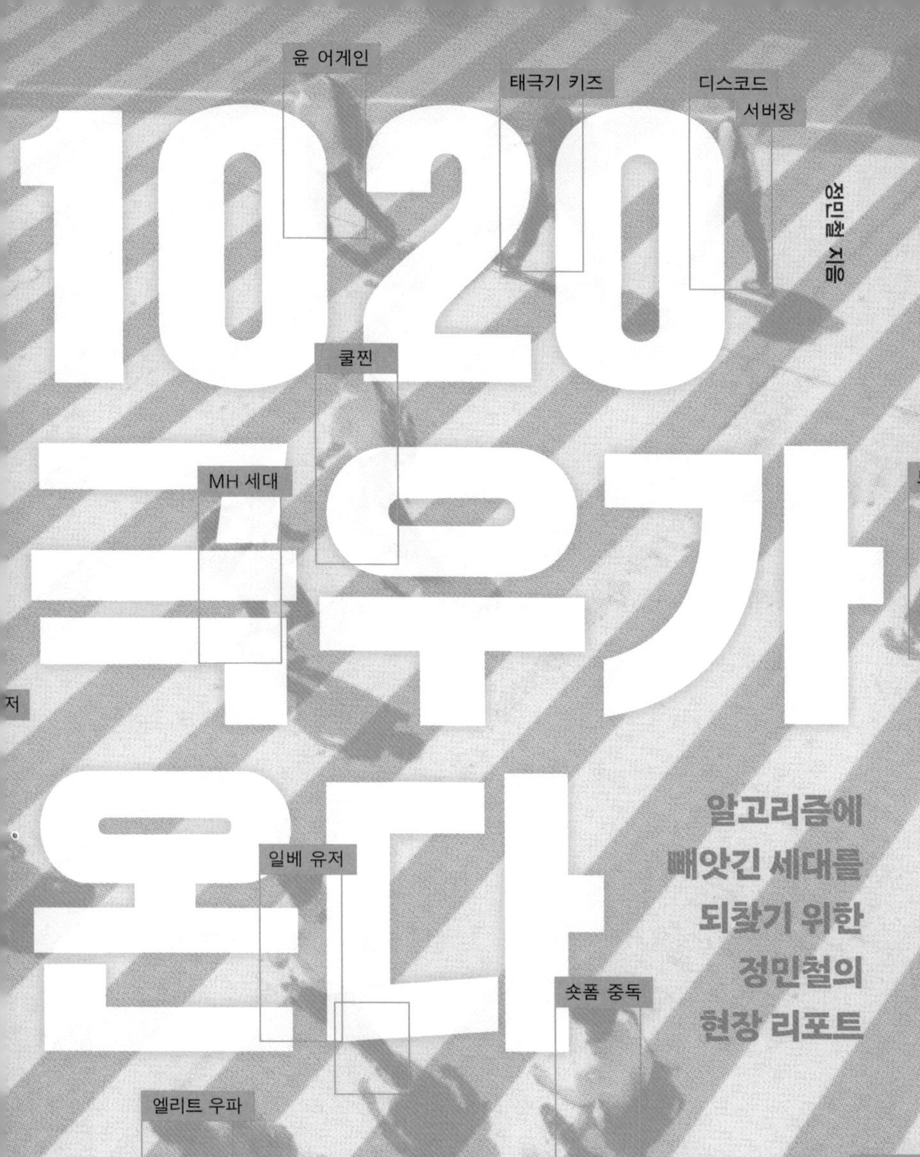

윤 어게인
태극기 키즈
디스코드 서버장
정민철 지음
쿨찐
MH 세대
도박
저
1020
믿음가
온다
일베 유저
알고리즘에
빼앗긴 세대를
되찾기 위한
정민철의
현장 리포트
숏폼 중독
엘리트 우파
중국 혐오
인스타 라이트
page2

　나는 정민철 작가를 '인스타 독립군'이라고 부른다. 그는 모두가 외면할 때도 인스타그램이라는 플랫폼에서 묵묵히 싸워오며, 오늘날 정보 유통 창구를 지키는 일이 왜 중요한지 행동으로 실천해 온 청년이다. 특히 내가 닿기 어려운 10대들에게 직접 말을 걸며 설득을 시도하는 그가 처음 나타났을 때 무척 든든하고 반가운 마음이 들었다. 대다수 정치인과 관료들이 이 문제를 대수롭지 않게 여기고 지나치는 동안에도 그는 결코 포기하지 않았다. 치밀한 분석과 집요한 문제제기를 이어가며 온갖 조롱과 맹비난을 감수하면서도 자신의 자리에서 꾸준히 목소리를 내왔다. 그래서 나는 그를 '인스타 독립군'이라고 부른다. 이 책은 단순한 정치 이야기가 아니다. 기성세대에게는 오늘날 우리가 어떤 시대를 살고 있는지 돌아보게 하고, 독자 모두에게 스스로 생각하고 판단할 질문을 던진다. 정민철 작가의 말처럼 인간의 존엄을 되찾기 위한 민주 진영의 반격은 결국 시민 각자의 인식 변화에서부터 시작된다. 그 출발점이 될 수 있는 책이라 믿기에 나는 이 책을 강력히 추천한다.

사람사는세상 노무현재단 이사 **황희두**

　1020의 극우화 담론이 넘친다. 정의론에 기초한 담론도 있고, 정신분석학에 뿌리를 둔 담론도 있다. 세대론이나 정치 분석도 있다. 이 책은 이전의 담론들과 조금 다르다. 일단 현상에 대한 서술이 탄탄하다. 진실이 도파민으로 대체된 시대에 대한 서늘한 철학적 묵시록에 가깝다. 저자 정민철은 광장이라는 민주주의의 공론장이 알고리즘이 지배하는 혐오의 투기장으로 변질되어 온 현상을 구체적으로 서술한다. 이 과정에서 타인의 고통을 향한 무관심이 이성적이고 세련된 태도로 추앙받는 냉소주의적 현실이 밀도 있게 드러난다. 정민철은 15초짜리 짧은 숏폼 영상이 어떻게 인간의 비판적 사고를 마비시키고 종국에는 기술적 전체주의를 만들어내는지 추적한다. 무엇보다 이 책의 미덕은 저자 정민철이 무한 경쟁 체제 속에서 상처받지 않기 위해 스스로 마음을 얼려버리고 냉소의 갑옷을 입은 1020의 내면을 깊은 연민으로 응시한다는 점이다. 더구나 그는 1020의 극우화를 극복하기 위한 백신을 구체적으로 제시하고 실천한다. 1020 극우화 담론을 오랫동안 추적해 온 나에게조차 큰 배움이 있었다. 그중에서 가장 큰 배움은 '스피커가 아니라 생태계를 키워라'라는 백신이다. 1만 유튜버 100명을 키우고 다양한 분야의 진보적 인플루언서가 생존할 수 있는 생태계를 키우는 일에 함께하고 싶다.

전남대학교 철학과 교수 박구용

Chapter 1
MH 세대와 교실의 유령들

내 친구는 어쩌다 괴물이 되었나

Chapter 5
민주주의를 위한 디지털 백신

나는 왜
여의도가 아닌
인스타그램으로
출근하는가

01년생 전직 국회의원 비서관의 고백

국회의사당 돔 아래 정치는 죽어 있었다

나는 2001년에 태어났다. 소위 말하는 'Z세대'다. 남들이 취업난에 허덕일 때, 나는 운 좋게도 대한민국 권력의 심장부라 불리는 여의도 국회의사당에 국회의원 비서관으로 입성했다. 내 목에는 번쩍이는 국회 출입증이 걸려 있었고, 내 손에는 매일 아침 의원님이 읽으셔야 할 정책 보고서와 보도자료가 들려 있었다.

어른들은 말했다. "출세했네." "거기가 정치를 배우는 곳이야.” 나도 처음엔 그런 줄 알았다. 법안을 만들고, 상임위에서 장관에게 호통치고, 지역구 행사를 다니며 악수하는 것. 그것이 세상을 바꾸는 ‘정치’라고 믿었다.

하지만 그 믿음이 깨지는 데는 그리 오랜 시간이 걸리지 않았다. 의원님들과 보좌관 선배들은 매일 아침 신문을 펼쳐 들고 “오늘 조중동 헤드라인이 뭐냐”고 물었다. 그들은 종이 신문에 기사 한 줄 나는 것에 목숨을 걸었고, 저녁 뉴스에 의원님 얼굴이 3초간 비치면 환호했다. 그들은 여론을 분석한다며 여론조사 기관의 엑셀 데이터를 들여다봤지만 정작 그 데이터 밖에서 무슨 일이 벌어지는지는 까맣게 모르고 있었다.

내가 보기에 여의도는 거대한 갈라파고스였다. 세상은 이미 스마트폰 속으로, 유튜브와 인스타그램 속으로 이사 갔는데 여의도의 시계만 1990년대에 멈춰 있었다. 그들이 청년 정책이라며 50페이지짜리 보고서를 만들 때, 내 친구들은 15초짜리 릴스 영상을 보며 “민주당은 페미니스트 소굴”이며 “나라 망하게 하는 좌파”라고 침을 뱉고 있었다.

국회 돔 아래에서는 엄숙한 토론이 벌어지고 있었지만 진짜 전쟁은 돔 밖, 내 손바닥만 한 스마트폰 액정 위에서 벌어지고 있었다. 그리고 안타깝게도 민주당은 그 전쟁에서 학살당하고 있었다.

인스타그램이라는 최전선

어느 날, 한 고등학교를 방문했을 때였다. 쉬는 시간에 복도를 지나가는데 남학생들이 모여서 낄낄거리고 있었다.

"야, 이거 봐봐. 찢재명 또 헛소리함 ㅋㅋㅋ" "노무현 신곡 나왔다. 들어볼래?"

그 아이들이 보고 있는 건 뉴스가 아니었다. 인스타그램 릴스와 틱톡이었다. 화려한 편집, 자극적인 자막, 그리고 힙합 음악에 맞춰 조롱당하는 민주당 정치인들의 얼굴이 보였다. 아이들에게 정치는 '토론'의 대상이 아니라 씹고 뜯고 즐기는 밈이자 놀이였다.

그 순간 등골이 서늘해졌다. 의원실 책상 위에 쌓여 있는 수천 장의 정책 자료집이 쓰레기처럼 느껴졌다. '우리가 여기서 아무리 훌륭한 법을 만들면 뭐 하나? 아이들의 뇌는 이미 저 15초짜리 영상들에 의해 난도질당하고 있는데.'

기성 정치인들은 인스타그램을 '지역구 맛집 사진 올리는 곳'이나 '선거 때 젊은 척하며 셀카 올리는 곳' 정도로 생각한다. 하지만 지금, 인스타그램은 총성 없는 전쟁터다. 극우 세력은 이곳에 진지를 구축하고, 알고리즘이라는 미사일을 쏘아대며 10대와 20대의 무의식을 폭격하고 있다. 그들은 논리가 아니라 혐오를 팔고, 팩트가 아니라 도파민을 제공한다.

나는 깨달았다. 진짜 정치는 여의도 의원회관이 아니라 지하철 2호선에서, 독서실 구석에서, 아이들의 스마트폰 위에서 이루어지고 있다는 것을. 그리고 그곳을 포기한다면 민주주의의 미래는 없다.

총성 없는 알고리즘 내전

그래서 나는 사표를 냈다. 미쳤다는 소리를 들으며 국회를 나왔다. 그리고 이제 여의도가 아닌 인스타그램으로 출근한다. 나의 직업은 더 이상 비서관이 아니다. 나는 정치 인플루언서, SNS 팩트체커이자 세대 커뮤니케이터다. 나는 매일 새벽까지 눈이 충혈될 때까지 극우 유튜버들의 영상을 모니터링한다. 10대들이 열광하는 밈을 분석하고, 그들이 쓰는 은어를 배운다. 그리고 그들의 문법으로 진실을 가공해 쏘아올린다.

이 책은 내가 지난 2년간 디지털 최전선에서 목격한 참상의 기록이자 생존을 위한 작전 지도다. 우리는 지금 '내전' 중이

다. 총을 들지 않았을 뿐, 이 전쟁은 그 어떤 전쟁보다 잔혹하
다. 밥상머리에서 가족 사이에 대화가 끊겼고 친구끼리 정치
이야기만 나오면 원수가 된다. 알고리즘은 아들에게 "아버지
는 빨갱이"라고 속삭인다.

이 내전에서 승리하는 법은 상대방을 죽이는 것이 아니다.
상대방의 뇌 속에 심어진 거짓의 칩을 제거하고, 혐오로 오염
된 그들의 언어를 번역하고 이해하는 것부터 시작해야 한다.

나는 01년생 정민철이다. 나는 내 또래 친구들을 괴물로 만
든 이 알고리즘 제국에 선전포고한다. 이제부터 내가 들려줄
이야기는 여의도 금배지들은 절대 알 수 없는, 그러나 대한민
국의 운명이 걸린 '진짜 전쟁'에 관한 이야기다.

당신의 스마트폰은 안전한가? 우리 아이가 살아가는 세상
은 어떤 모습일까? 지금부터 그 끔찍하고도 매혹적인 전장으
로 안내하겠다.

Chapter 1

MH 세대와 교실의 유령들

Yeah, Eungdi City….
캬! 쌤, 이기 명곡이노!
비트 지리노!
쌤, 딱! 힙하노!

아, 그 부엉이 바위요?
그냥 떨어지신 거 아니에요?
웃겨서 듣는 건데요.
쌤, 너무 진지빠시는 거 아니에요?
이거 그냥 밈이에요.
유튜브에 다 나와요.

돈 안 가져오면 죽여버린다고 전해.
형님, 이번에 뚫은 야동 사이트 좌표 공유
합니다. 제가 오늘 학원에서 폰 걷을 때
몰래 찍은 여자애 사진 풉니다.

안녕? 심심하지?
형이랑 재밌는 거
할까?

로블록스에서
'윤석열 탄핵반대 집회' 맵
만들었는데 들어오실 분?
윤 어게인(Yoon Again)!
다시 한번 계엄을!
국회는 범죄자 소굴이다!
다 밀어버리자!
구국의 영웅을 석방하라!
짱깨~ 북괴~ 짱깨 북괴
짱깨~ 빨갱이는 대한민국에서 빨리
꺼져라~ 북으로 가라~

아빠, 할아버지 말씀이 팩트야.
민주당은 중국몽 꾸는
중국 간첩 매국노들이잖아.
아빠만 몰라.
엄마, 솔직히 세월호는 교통사고
아니야? 민주당은 언제까지 우려
먹을 거야?

"선생님, 이 노래
진짜 명곡이죠?"

혐오가 놀이가 된 교실

#1

5교시의 나른함, 그리고 「응디시티」

서울의 한 인문계 고등학교, 나른한 5교시 음악 감상 시간. 담당 교사 예진 씨는 졸고 있는 아이들을 깨우기 위해 작은 이벤트를 제안했다. "자, 오늘은 공부하는 대신 너희가 듣고 싶은 노래 신청받아서 틀어줄게."

그러자 평소 수업에 관심 없던 뒷자리의 남학생 무리가 눈을 번뜩이며 손을 들었다. 그들이 신청한 곡은 영어로 된, 예진 씨에게는 낯선 제목이었다. 예진 씨는 별다른 의심 없이 검색창에 제목을 입력하고 재생 버튼을 눌렀다. 스피커를 찢고 나온 것은 투박한 신디사이저 비트였다. 그리고 기계적으로 조작된 목소리가 교실의 정적을 갈랐다.

"Yeah, Eungdi City…."

순간, 뒷자리의 남학생들이 책상을 두드리며 자지러지게 웃기 시작했다.

"캬! 쌤, 이기 명곡이노!" "비트 지리노! 쌤, 딱! 힙하노!"

단순한 웃음이 아니었다. 그것은 금기를 깼다는 짜릿함, 어른들이 모르는 우리만의 코드를 학교라는 공적 공간에 전시했다는 승리감에 가까운 광기였다. 반면 여학생들은 미간을 찌푸리며 귀를 막았다. 노래가 1분쯤 흘렀을 때에야 예진 씨는 등골이 서늘해짐을 느꼈다. '부엉이 바위' '중력' '두부 외상' 등 가사에 반복되는 단어들은 2009년 서거한 고 노무현 전 대통령을 가장 저속한 방식으로 조롱하는 내용이었다. 소위 'MC무현'이라 불리는 극우 커뮤니티 일베의 상징이 교실 스피커를 점령한 것이다.

  1부. MH 세대와 교실의 유령들

교권의 추락과 진지충이라는 낙인

예진 씨가 황급히 정지 버튼을 누르자 학생들은 야유를 쏟아냈다. "아 쌤, 왜 꺼요? 하이라이트인데." 예진 씨는 떨리는 목소리로 물었다. "너희들 이 가사가 무슨 뜻인지, 노무현 전 대통령이 어떤 분인지 알고 웃는 거야?" 하지만 돌아온 것은 반성이 아닌 비웃음이었다.

"아, 그 부엉이 바위요? 그냥 떨어지신 거 아니에요?" "웃겨서 듣는 건데요." "쌤, 너무 진지빠시는 거 아니에요?" "이거 그냥 밈이에요. 유튜브에 다 나와요."

그들에게 예진 씨의 훈육은 '촌스러운 꼰대질'로 치부되었다. '재미만 있으면 도덕적 판단은 유예해도 좋다'는 논리가 교실을 지배하고 있었다. 예진 씨는 당장이라도 호통치고 싶었지만 입술을 깨물며 침묵했다. 아이들이 들이대는 스마트폰 카메라 렌즈 때문이었다. 여기서 화를 냈다가는 「학생 꼽주는 정치색 짙은 전교조 교사」라는 제목으로 유튜브에 박제될 것이 뻔했다. 뒤이어 빗발칠 학부모들의 악성 민원도 두려웠다.

혐오 표현을 훈육해야 할 교사가 오히려 아동 학대 신고를 걱정해야 하는 현실. 혐오는 그렇게 아이들의 놀이가 되었고, 교사는 침묵하는 방관자가 되기를 강요받았다. 예진 씨는 훗날 이렇게 회고했다. "아이들이 악마처럼 보였습니다. 하지만 더 무서운 건, 제가 아무것도 할 수 없다는 무력감이었습니다."

죽지 않는 가수, MC무현의 정체와 기술의 진화

이 충격적인 교실 풍경의 중심에는 'MC무현'이라는 기괴한 페르소나가 있다. 도대체 이것은 무엇이기에 10년이 넘는 시간 동안 사라지지 않고 교실까지 침투한 것일까.

MC무현은 2010년대 초반 디시인사이드의 합성-필수요소 갤러리에서 잉태되어, 극우 성향 사이트 일베저장소를 통해 폭발적으로 확산된 고인 모독성 음성 합성물을 통칭한다. 초기에는 조악한 수준의 짜깁기에 불과했지만, 시간이 지날수록 기술은 정교해졌다. 그들은 노무현 전 대통령의 생전 연설, 기자회견, 사석에서의 대화 목소리를 음절 단위로 쪼개고 분해했다. 그리고 '보컬로이드'나 '오토튠' 기술을 이용해 그 음

    1부. MH 세대와 교실의 유령들

절들을 다시 조립, 박자에 맞춰 랩을 하게 만들었다.

최근에는 AI 딥러닝 기술의 등장으로 누구나 손쉽게 고인의 목소리를 학습시켜 원하는 노래를 부르게 만들 수 있게 되었다. 2023년부터 급격히 대중화된 RVC(Retrieval-based Voice Conversion) 기술은 이 현상의 핵심 트리거였다. 기존의 TTS(Text-to-Speech)나 보컬로이드가 기계적인 음색을 띠었던 것과 달리, RVC는 딥러닝 알고리즘을 통해 약 10분~50분 정도 분량의 음성 데이터만으로도 타깃 화자의 음색, 억양, 호흡까지 완벽하게 모사할 수 있다.

이제는 전문적인 기술이 없어도 클릭 몇 번이면 노무현 전 대통령이 최신 아이돌 노래를 부르는 영상을 만들 수 있다. 대표곡인 「응디시티」는 가수 김수철의 곡 「패션시티」의 비트를 무단으로 도용해 만든 패러디물이다. 이 곡은 유튜브에서 저작권 위반과 혐오 표현으로 수차례 삭제되었지만 그때마다 계정을 바꿔 재업로드되며 끈질기게 생명력을 이어가고 있다. 노무현재단은 2025년 2월, 사자명예훼손 콘텐츠에 대한 대대적인 모니터링을 진행하여 하루 만에 300건 이상의 제보를 받고 일부 채널을 삭제 조치했으나, 곧바로 '대피소' 계정들이 생겨나며 숨바꼭질이 이어졌다. 이후로도 조회수는 수백만을 기록했고, 댓글 창에는 마치 '인터넷 국가'의 국민들처럼 소속감을 확인하는 수천 개의 댓글이 달렸다.

문제는 '맥락의 소거'다. 2010년대 초반의 합성이 다분히 정치적 비판이나 조롱의 의도를 가진 '일베'라는 특정한 정치적 스탠스를 가진 집단의 전유물이었다면, 지금은 그 정치적 맥락이 완전히 지워졌다. 지금의 10대들에게 노무현은 '비운의 대통령'도, '검찰 수사를 받다 서거한 정치인'도 아니다. 그저 랩을 잘하고, 발음이 찰지며, 신나는 비트에 노래하는, 영원히 죽지 않고 사이버 공간을 떠도는 '우스꽝스러운 엔터테이너' 일 뿐이다. 그들에게 노무현은 실존했던 인간이 아니라 '뽀로로'나 '펭수'처럼 소비되는 하나의 디지털 캐릭터다. 이것이 바로 혐오가 문화가 되는 과정의 가장 끔찍한 지점이다. 대상이 사람이라는 인식이 사라질 때, 잔인함은 유희가 된다.

음지에서 양지로

12.3 내란의 씨앗

#2

01년생의 기억, 음지에서 양지로

2001년생인 나에게도 이 문화는 낯설지 않다. 나의 학창 시절은 일베의 전성기와 겹쳐 있다. 당시에도 교실 구석 어디엔가 늘 이 노래가 존재했다. 내가 중고등학교를 다니던 2010년대 중후반, 쉬는 시간마다 이어폰 한 짝을 나눠 끼고 킬킬거리는 친구들이 있었다. 그들의 이어폰 너머로 희미하게 새어 나오던 비트에 "부끄러운 줄 알아야지!"라고 외치는 그 목소리가 바로 'MC무현'이었다.

하지만 그때와 지금은 결정적인 차이가 있다. 그때는 명백한 '음지'의 문화였다. 일베를 한다는 사실, 혹은 노무현 비하 영상을 본다는 사실이 학교에 알려지면 소위 '일베충'으로 낙인찍혔다. 여학생들에게는 기피 대상 1호가 되었고, 남학생들 사이에서도 "너 일베하냐?"라는 말은 모욕에 가까운 추궁이었다. 사회적 시선이 두려웠기에 그들은 숨었다. 선생님이나 다른 아이들의 눈을 피해 몰래 즐겼다. 그것은 부끄러운 일탈이었고, 들키면 안 되는 금지된 장난이었다. 죄책감까지는 아니더라도 최소한 쪽팔린 일이었다.

그런데 지금, 이 문화는 '양지'로 올라왔다. 더 이상 아이들은 이어폰을 끼고 구석에서 몰래 듣지 않는다. 선생님이 버젓이 서 계신 교실에서 스피커로 듣겠다며 당당하게 신청한다. 복도에서 노래를 크게 틀어놓고 떼창을 한다. 이를 제지하는 교사를 향해 "선생님, 취향 존중 좀 해주세요" "표현의 자유 몰라요?"라며 '권리'를 주장한다. 심지어 전라도 지역 한 중학생은 음악 시간 수행평가로 MC무현의 「응디시티」를 불렀고, 학교 축제 장기자랑 예선에 MC무현 노래에 춤을 추겠다고 신청서를 내는 일까지 벌어졌다.

혐오가 부끄러움의 대상이 아니라, 또래 집단 내에서 '유쾌함'과 '인싸력'을 증명하는 수단으로 변질된 것이다. '일베충'

이라는 멸칭은 사라지고, '애국 보수' 혹은 '유쾌한 놈'이라는 새로운 포장이 그 자리를 대신했다.

MH 세대의 탄생과 알고리즘의 공모

이러한 기이한 변화 속에서 등장한 용어가 바로 'MH 세대'다. 언뜻 들으면 노무현을 그리워하는 세대 같지만, 실상은 정반대다. 이는 '노무현을 조롱하고 가지고 노는 것이 일상이 된 세대'라는 뜻의 멸칭이자 그들 스스로 자조적이고 과시적으로 사용하는 은어다. 2003년생부터 2008년생 남학생들을 주로 지칭하는 이 용어는 혐오가 어떻게 하나의 견고한 세대적 정체성으로 굳어졌는지를 적나라하게 보여준다.

이 끔찍한 변화의 중심에는 '플랫폼의 진화'와 '알고리즘'이 있다. 과거 '일베'라는 폐쇄적이고 진입장벽이 있는 커뮤니티에 직접 접속해야만 볼 수 있었던 콘텐츠들이 이제는 유튜브 쇼츠와 인스타그램 릴스, 틱톡을 통해 10대 아이들에게 무차별적으로 살포되고 있다.

알고리즘은 가치판단을 하지 않는다. 오직 체류 시간과 반응만을 쫓는다. 1분 미만의 짧고 자극적인 영상, 화려한 편집

기술, 중독성 있는 비트는 청소년들의 뇌를 즉각적으로 자극한다. 평범한 게임 영상을 보던 아이에게 알고리즘은 슬그머니 'MC무현'이 배경음악으로 깔린 게임 매드무비(하이라이트 영상)를 추천한다. 아이는 별 거부감 없이 그 영상을 본다. '웃기네?' 생각하는 순간 알고리즘은 더 자극적이고 더 노골적인 노무현 전 대통령 비하 영상을 쏟아낸다.

이 과정에서 노무현 전 대통령은 '노짱'이라는 친근한(?) 애칭의 캐릭터로 포장되어 아이들의 스마트폰으로 배달된다. 아이들에게 정치는 복잡하고 지루한 토론과 합의의 과정이 아니라, 그냥 노는 것이다. 누군가를 화나게 하고 금기를 어기며 쾌감을 느끼는 게임이다.

여기서 파생된 그들의 세계관을 관통하는 정서가 바로 냉소다. "누칼협? 누가 칼 들고 협박함?" "알빠노? 내 알 바야?" 진지한 것은 촌스러운 것이다. 정의, 도덕, 역사적 진실을 이야기하는 사람은 '진지충'이나 '선비'로 매도된다. 이 게임의 규칙에서 '진지함'은 곧 패배를 의미한다. 상대를 조롱하고, 뻔뻔하게 대꾸하고, 약자를 밟으면서도 "장난인데 왜 그래?"라고 말할 수 있는 능력이 그들에겐 '쿨함'이다.

더불어민주당		국민의힘	해석
6만 5267개	총 영상 수	6만 4443개	⋯ 유사
6129개	고유 영상 수	1만 4633개	→ 국힘 2.4배 다양
1562개	고유 채널 수	3631개	⋯ 국힘 2.3배 다양
90.6%	영상 중복률	77.3%	⋯ 민주당 에코체임버 강함
34.6만 회	평균 조회수	102만 회	⋯ 국힘 고조회수 영상 노출

정당 공식 채널을 기점으로 영상 알고리즘을 추적한 결과, 더불어민주당과 국민의힘 각 진영의 총 영상 수는 유사하나 국민의힘이 채널과 콘텐츠가 훨씬 다양하다는 것을 알 수 있다. 또한 국민의힘의 콘텐츠 조회수가 3배 가량 높아 더 큰 영향력을 가지고 있음을 알 수 있다.

12.3 내란의 씨앗은 교실에 있었다

나는 묻고 싶다. 정말 이것이 아이들의 치기 어린 장난일 뿐일까? 단순한 놀이일까? 2024년 12월 3일, 대한민국을 충격에 빠뜨린 위로부터의 내란과 그 혼란 뒤에 "윤 어게인"을 외치며 광화문으로 쏟아져 나온 일부 청년들. 민주주의의 근간이 흔들리는 그 위기의 순간에 헌법 가치 수호보다 독재적 발상을 옹호하며 환호했던 그 기이한 신념은 어디서 시작되었는가.

어쩌면 우리는 그 답을 멀리서 찾을 필요가 없을지도 모른다. 피로 쟁취한 민주주의의 역사를 배우는 대신 상징적인 인물들을 '합성 소스'로 소비하며 킬킬거렸던 그 교실. 선생님의 컴퓨터 스피커에서 「응디시티」가 흘러나올 때, 그것을 제지하지 못하고 무력감에 고개를 떨궈야 했던 선생님과 그 모습을 보며 '이겼다'는 승리감에 도취되었던 아이들을 생각한다.

타인의 고통에 공감하는 능력을 상실하고, 혐오를 놀이로 학습한 'MH 세대'가 자라나 마주한 세상이 바로 지금이다. 12.3 내란 이후 "윤 어게인"을 외치며 광장에 모인 청년들의 마음속에는, 어쩌면 5교시 음악 시간의 그 비트가 여전히 울리고 있었던 것은 아닐까. 그들에겐 내란조차 현실이 아닌, 도파민 터지는 또 하나의 거대한 '이벤트'나 '밈'은 아니었을까. 이 책의 1부와 2부는 혐오가 교실을 점령하고 마침내 광장으로 쏟아져 나오기까지의 끔찍한 연대기를 추적하는 리포트다.

엄마는 카톡을 검사하고
아이는 디스코드에서 산다

노란색 가짜와 보라색 진짜

#3

방문 하나를 사이에 둔 두 개의 세계

서울 목동의 한 주상 복합 아파트, 시곗바늘이 밤 11시를 넘어가고 있다. 거실에는 적막이 흐르지만 중학교 2학년 민준이의 방문 틈으로는 간헐적으로 소음이 새어 나온다. "타닥, 타다닥." 현란한 기계식 키보드 소리. 그리고 웅얼거리듯 작게, 하지만 격앙된 목소리가 들린다.

"아, 힐 안 주고 뭐 하냐고! 힐! 힐!" "야 이 새끼야, 거기서

거실에서 TV를 보던 엄마 은지 씨는 미간을 찌푸리며 방문을 벌컥 열었다. "민준아! 학원 숙제 다 했어? 지금 시간이 몇 시인데 아직도 게임이야? 누구랑 그렇게 욕을 하면서 떠들어?"

방문을 여는 순간 민준이의 손은 빛보다 빠르게 움직여 'Alt + Tab'을 눌렀다. 화면은 순식간에 바뀌었다. 화려한 게임 그래픽과 검은색 바탕의 채팅창은 사라지고, 인터넷 강의 사이트의 정지 화면과 포털 사이트 메인 화면이 모니터를 가득 채웠다. 민준이는 헤드셋을 목에 걸치며 억울하다는 듯 말했다.

은지 씨는 의심의 눈초리를 거두지 못한 채 아들의 책상으로 다가갔다. "폰 줘봐." 민준이는 순순히 스마트폰 잠금을 풀어 건넸다. 은지 씨의 손가락이 익숙하게 '카카오톡' 아이콘을 눌렀다. 친구 목록을 훑고, 최근 대화방을 하나하나 열어보았

다. '학교 숙제방' '축구 동아리' '학원 셔틀'. 대화 내용도 건전
했다. "오늘 급식 뭐냐?" "수학 숙제 몇 페이지까지임?" 웃긴
이모티콘 몇 개…. 욕설도, 비행의 흔적도 없었다. 은지 씨는
그제야 안도의 한숨을 내쉬며 폰을 돌려주었다. "알았어. 적당
히 하고 얼른 자. 내일 학교 가야지."

방문이 닫히는 소리가 들리자마자, 민준이는 다시 헤드셋
을 귀에 덮어썼다. 그리고 'Alt + Tab'을 눌러 숨겨두었던 진짜
세계를 다시 열었다. 모니터 오른쪽 하단, 보라색 아이콘이 깜
빡이고 있었다. '디스코드(Discord)'였다. 헤드셋 너머로 친구들
의 비웃음 섞인 목소리가 쏟아졌다.

"야, 엄마 떴냐? ㅋㅋㅋ 쫄았네." "아, 민준이 캐리 안 되네.
야, 이 방 폭파하고 새로 파자. 은밀한 방으로 와."

은지 씨는 꿈에도 몰랐다. 자신이 방금 검사한 카카오톡은
아들이 부모에게 보여주기 위해 남겨둔 '가짜 세상'일 뿐이라
는 것을. 아들의 진짜 영혼, 진짜 대화, 진짜 욕망은 스마트폰
이 아닌 PC 모니터 구석의 보라색 아이콘 속에 봉인되어 있다
는 사실을 말이다.

검색되지 않는 지하 벙커, 초대장 있으세요?

기성세대는 일탈을 확인하기 위해 검색을 한다. 네이버 카페에서 '일진' '담배' '가출'을 검색하거나, 트위터(X)에서 특정 해시태그를 찾는다. 하지만 디스코드의 세계는 검색 엔진의 빛이 닿지 않는 심해(Deep Web)와 같다. 디스코드는 기본적으로 '서버'라는 단위로 운영된다. 이 서버는 우리가 아는 '다음 카페'나 '카카오톡 오픈 채팅방'과는 구조가 다르다. 가장 큰 차이점은 폐쇄성이다.

네이버 카페는 이름만 알면 검색해서 가입 신청을 할 수 있다. 카카오톡 오픈채팅은 해시태그로 검색하면 수천 개의 방이 뜬다. 하지만 디스코드 서버는 검색되지 않는다. 오직 기존 멤버가 생성해 준 '초대 링크'가 있어야만 입장할 수 있다. 이 링크조차 '유효 기간 10분' '사용 횟수 1회'로 설정해 두면, 외부인이 그 방의 존재를 알아채는 것은 불가능에 가깝다.

부모가 아이의 컴퓨터 화면을 훔쳐본들 알 수 있는 것은 없다. 좌측에 나열된 수십 개의 알 수 없는 원형 아이콘들, 그 아이콘을 클릭해서 들어가야만 비로소 그 안에서 무슨 일이 벌어지는지 알 수 있다. 어떤 서버는 게임 정보를 공유하는 건전한 곳이지만 바로 그 밑에 있는 해골 모양 아이콘의 서버에서는 음란물과 딥페이크 사진이 공유되고 있을지 모른다.

어른들은 대문(카카오톡)을 지키고 서 있지만, 아이들은 이미 땅굴(디스코드)을 파고 지하로 사라진 지 오래다. 이 지하 벙커에서 그들은 부모의 이름도, 학교의 이름도, 현실의 계급도 모두 지워버린다.

말로 하니까 증거가 없지

학폭위(학교폭력대책심의위원회)가 열리면 가장 중요한 증거는 '캡처'다. 카카오톡 대화 내용, 페이스북 메신저 기록, 문자 메시지 등 텍스트는 남는다. 기록은 지워지지 않는다. 10대들도 이 사실을 학습했다. 그래서 그들은 '기록되지 않는 폭력'을 찾아 떠났다. 그 종착지가 바로 디스코드다.

디스코드의 핵심 기능은 '보이스 챗(음성 채팅)'이다. 텍스트로 "야 이 병신아"라고 치면 로그가 남지만, 마이크로 소리치면 공기 중으로 흩어진다. 녹음하지 않는 이상 증거는 없다.

"야, 오늘 3반 찐따 그 새끼, 학교 끝나고 남으라고 해." "돈 안 가져오면 죽여버린다고 전해."

이 끔찍한 모의들은 디스코드 음성 채널에서 실시간으로 이루어진다. 그들은 게임을 하면서, 웃으면서, 마치 아이템을 거래하듯 자연스럽게 폭력을 모의한다. 피해 학생이 신고를 하려 해도 증거가 없다.

"선생님, 재네가 디코에서 저 협박했어요." "그래? 증거 있어? 녹음은 했니?" "아니요…." "그럼 친구끼리 오해한 거 아니야? 사이좋게 지내라."

디스코드의 '휘발성'은 아이들에게 완벽한 도덕적 해방구가 되어주었다. 기록되지 않는다는 확신은 죄책감을 마비시킨다. 얼굴도 보이지 않고 기록도 남지 않는 그곳에서 언어폭력은 놀이가 되고 협박은 일상이 된다.

방과 후의 권력자, 서버장의 탄생

학교가 끝나면 아이들은 학원 버스를 타는 척하며 디스코드 서버로 '등교'한다. 그곳에는 학교와는 전혀 다른 권력 지도가 펼쳐진다. 학교에서의 권력은 성적이나 주먹, 혹은 부모의 배

경에서 나온다. 하지만 디스코드에서의 권력은 '서버장'이라
는 직함에서 나온다.

서버장은 신이다. 마음에 들지 않는 아이의 마이크를 강제
로 꺼버릴 수도 있고, 서버에서 영구적으로 추방할 수도 있으
며, 특정 아이에게만 비공개 채널 입장 권한을 줄 수도 있다.
이곳에서 '인싸'가 되는 법은 단순하다. 자극적일수록 추앙받
는다.

더 희귀한 불법 자료를 가져오는 아이, 더 창의적인 방법으
로 혐오 표현을 만들어내는 아이, 딥페이크를 능수능란하게
다루는 아이가 디스코드 생태계의 포식자가 된다. 학교에서
는 존재감 없는 조용한 모범생 민준이가 디스코드 세계에서
는 수백 명의 추종자를 거느린 '폭군'일 수도 있는 것이다.

부모와 선생님이 알고 있는 '착한 우리 아이'는 오후 4시까
지만 존재하는 현실 세계의 페르소나일 뿐이다. 오후 4시 이

후 방문이 닫히고 헤드셋을 쓰는 순간 깨어나는 그 아이의 '본
캐(본래 캐릭터)'를, 우리는 과연 안다고 말할 수 있을까.

윤 어게인
로블록스 집회

게임이 된 파시즘, 두 개의 광장

#4

누군가에게는 내란, 누군가에게는 실패한 혁명

2025년 12월 3일, 서울의 밤공기는 차가웠다. 1년 전 대한민국을 공포로 몰아넣었던 불법 계엄 선포 1주년을 맞아 광화문과 여의도 광장에는 수만 개의 촛불이 켜졌다. 시민들은 두꺼운 패딩을 입고 입김을 내뿜으며 "민주주의 수호"와 "계엄 세력 처벌"을 외쳤다. 무대 위에서는 그날의 긴박했던 상황을 회고하는 정치인들의 연설이 이어졌고, 어른들의 얼굴에는 비장함과 안도감이 교차했다.

하지만 같은 시각, 서울 강남구의 한 아파트 작은 방. 13살 지훈이의 모니터 속 세상은 바깥 풍경과는 정반대로 뜨겁게 달아오르고 있었다. 지훈이는 광화문에 나가는 대신, 전 세계 10대들이 가장 많이 사용하는 메타버스 게임 플랫폼 로블록스(Roblox)에 접속했다.

지훈이의 아바타는 평소 즐겨 입던 화려한 '나이키' 스킨을 벗어던졌다. 대신 짙은 녹색과 검은색이 섞인 얼룩무늬, '제5공화국 공수부대' 스킨을 장착했다. 손에는 가상의 M16 소총 아이템을 들었다. 헤드셋을 고쳐 쓴 지훈이의 눈이 번뜩였다. 그가 접속한 서버의 이름은 '12.3 구국 혁명 기념관 - 윤 어게인 집회장'이었다. 현실의 어른들이 계엄을 '내란'이라 부르며 고개를 숙일 때, 아이들의 평행 우주에서는 그것을 '실패한 혁명'이라 부르며 부활을 꿈꾸고 있었다.

픽셀로 쌓아 올린 혐오의 성채

로딩 화면이 끝나자 눈앞에 펼쳐진 광경은 기괴했다. 여의도 국회의사당의 둥근 돔 지붕과 본관 건물이 네모난 블록으로 정교하게 구현되어 있었다. 1년 전 무장 군인들이 진입하고

     1부. MH 세대와 교실의 유령들

출처: 유튜브 《애국대학》

로블록스 윤 어게인 집회

유리창이 깨지며 참혹했던 현장이, 이곳에서는 마치 성지처럼 웅장하게 재현된 것이다.

맵 중앙에는 이미 500명이 넘는 유저들이 모여 있었다. 그들은 약속이라도 한 듯 똑같은 군복을 입거나, 태극기를 망토처럼 두르고 있었다. 화면 상단 채팅창은 1초에도 수십 개씩 올라오는 메시지로 폭포수처럼 흘러내렸다.

"윤 어게인(Yoon Again)! 다시 한번 계엄을!" "국회는 범죄자 소굴이다! 다 밀어버리자!" "구국의 영웅을 석방하라!"

지훈이는 키보드의 'W' 키를 눌러 행진 대열에 합류했다. 선두에는 '서버 관리자' 마크를 단 유저가 깃발을 들고 서 있었다. 깃발에는 '국가보안법 사수'라는 붉은 글씨가 픽셀로 거칠게 적혀 있었다.

가장 충격적인 것은 청각적 경험이었다. 게임 배경음악(BGM)으로 경쾌한 8비트 칩튠 멜로디가 흘러나왔는데, 가사를 들어보면 소스라치게 놀랄 내용이었다.

과거 극우 집회에서나 들리던 혐오스러운 노래가, 아이들이 좋아하는 뽕짝 리듬과 전자음으로 변조되어 중독성 있는 '후크송'으로 둔갑해 있었다. 아이들은 스페이스 바를 연타하며 캐릭터를 점프시켰다. 뽕, 뽕 하는 점프 소리와 함께 '빨갱이 척결'이라는 말풍선이 화면을 가득 채웠다. 그것은 집회라기보다 광기 어린 거대한 축제였다.

애국대학의 치밀한 설계

초등학생들이 자발적으로 이런 정치적 집회를 기획했을 리 없다. 이 거대한 가상 시위의 배후에는 '애국대학'이라는 조직이 존재한다.

이들의 정체는 베일에 싸여 있지만, 애국대학의 대표는 캄보디아에서 유학중인 10대 학생으로 공개되어 있다. 캄보디아 사태 이후 해당 사실이 밝혀지면서 윤 어게인 세력 내에서도 큰 논란이 일었다. 애국대학의 맴버들은 주로 고등학생이나 20대 초반의 '헤비 유저'들로 추정된다. 그들은 단순히 게임을 즐기는 것을 넘어, 로블록스를 자신들의 이념을 전파하는 '선전 선동의 도구'로 활용한다. 그들은 계엄 1주년이 다가오기 한 달 전부터 치밀하게 준비했다.

"애들아, 이번에 우리가 진짜를 보여주자. 학교에서 전교조 선생님들이 가르치는 건 다 가짜야." "우리가 맵 멋지게 만들 테니까 너희는 친구들 데리고 와. 오면 한정판 아이템 줄게."

그들은 국회의사당뿐만 아니라 용산 대통령실 건물까지 내부 인테리어 하나하나 고증을 거쳐 구현했다. 아이들에게 이 공간은 정치적 장소가 아니라 '고퀄리티 맵'이자 '놀이터'였다. 애국대학 운영진은 디스코드 음성 채팅을 통해 아이들을 세뇌시켰다.

"1년 전 그날, 군인 아저씨들이 나쁜 국회의원들 잡으러 갔어. 근데 실패해서 지금 나라가 이 모양인 거야."

복잡한 헌법 체계는 필요 없었다. 아이들에게는 '정의로운 군인 VS 부패한 국회'라는 단순하고 선명한 대립 구도면 충분했다. 아이들은 자신이 정의의 편에 섰다는 효능감, 그리고 어른들이 숨기는 진실을 나만 알고 있다는 우월감에 취해갔다.

어른들의 칭찬이 괴물을 키웠다

지훈이는 이 집회 장면을 캡처하고 녹화했다. 그리고 자극적인 썸네일을 달아 자신의 유튜브 쇼츠 채널에 올렸다. 「충격 로블록스 근황 ㅋㅋㅋ 초딩들이 나라 구함」.

알고리즘은 이 영상을 주로 60대, 70대 노년층의 스마트폰

1부. MH 세대와 교실의 유령들

으로 배달했다. 반응은 폭발적이었다. 조회수는 하룻밤 사이에 10만 회를 넘겼고, 댓글 창에는 감격에 겨운 어른들의 찬사가 쏟아졌다.

평소 집에서는 "게임 좀 그만해라" "눈 나빠진다"며 구박만 받던 지훈이였다. 학교에서도 성적 때문에 주눅 들어 있던 평범한 아이였다. 그런데 로블록스에서 군복을 입고 태극기를 흔들었더니, 수백 명의 어른들이 '영웅' '희망' '애국자'라고 치켜세워주는 것이다.

지훈이는 태어나서 처음으로 거대한 사회적 인정 욕구가 충족되는 것을 느꼈다. 심장이 쿵쾅거렸다. '아, 내가 하는 게 나쁜 짓이 아니구나. 내가 진짜 애국을 하고 있는 거구나.' 어른들의 왜곡된 칭찬은 아이들의 혐오 행위에 '도덕적 정당성'이라는 날개를 달아주었다. 이제 지훈이에게 빨갱이 사냥은 단순한 놀이가 아니라, 구국을 위한 숭고한 사명이 되었다.

차단하면 부활한다, 디지털 파시즘의 생명력

로블록스 코리아 측도 사태의 심각성을 인지했다. 특정 정치인을 찬양하고 폭력을 조장하는 행위는 플랫폼 가이드라인 위반이다. 며칠 뒤, 지훈이가 접속하려던 '윤 어게인 집회장' 맵은 '차단된 콘텐츠'라는 메시지와 함께 접속이 막혔다. 하지만 효과는 딱 5분이었다. 애국대학 디스코드 방에는 곧바로 새로운 공지가 올라왔다.

"좌파들의 신고 테러로 맵이 터졌습니다. 하지만 우리는 굴하지 않습니다. 백업 파일로 시즌 2 맵 열었습니다. 좌표 찍어드립니다."

맵의 이름만 '평화의 공원'으로 교묘하게 바뀌었을 뿐, 내용은 똑같았다. 오히려 아이들의 결속력은 더 강해졌다.

"와, 진짜 탄압하네? 독재 아니야?" "우리가 이기나 운영자가 이기나 해보자."

로블록스는 초등학생도 맵을 만들 수 있을 만큼 제작 툴이 간단하다. 마음만 먹으면 5분 안에 똑같은 혐오 게임을 무한으로 복제해낼 수 있다. 플랫폼의 기술적 제재로는 이 문화적 바이러스를 막을 수 없는 것이다.

마음속에 진주한 탱크

계엄 선포 후 현실의 탱크는 시민들의 힘에 밀려 철수했다. 광장은 다시 평화를 되찾은 것처럼 보인다. 하지만 어른들이 안도하며 샴페인을 터뜨리는 사이, 아이들의 머릿속에는 보이지 않는 탱크가 진주했다.

그 마음속 탱크는 '게임'이라는 강력한 진지를 구축하고, '재미'라는 위장막을 두른 채, 장기전을 준비하고 있다. 로블록스 안에서 아이들은 매일매일 국회를 점령하고, 반대파를 처단하는 연습을 한다. 이 아이들이 자라나 유권자가 되는 5년 뒤, 10년 뒤의 대한민국은 어떤 모습일까.

우리가 방심한 사이 동심의 놀이터여야 할 로블록스는 파시즘의 가장 효율적인 인큐베이터가 되어버렸다. 어른들은 잊었지만 아이들은 기억하고 있다. 아니, 새롭게 쓰고 있다. '윤 어게인'이라는 끔찍한 역사를.

"초등학생도 받아요"

도박, 마약, 그리고 딥페이크

#5

디스코드는 범죄의 정거장이다

많은 부모들이 디스코드를 단순히 아이들이 게임 하면서 떠드는 보이스톡 어플 정도로 알고 있다. 하지만 이것은 빙산의 일각이다. 지금 디스코드는 사이버 범죄 조직이 10대들을 유혹하는 가장 완벽한 다크 웹의 입구이자, 거대한 범죄 플랫폼으로 진화했다.

텔레그램은 성인 인증이 필요하거나 접근이 까다로운 경우가 많지만, 디스코드는 초등학생도 이메일 하나면 가입할 수 있다. 접근성은 낮은데 보안성은 텔레그램만큼 강력하다. 범죄자들에게 이보다 더 좋은 사냥터는 없다. 그들은 화려한 게임 아이템과 공짜라는 미끼를 던져놓고, 학교를 마치고 접속할 아이들을 기다리고 있다.

돈 필요하니?

디스코드 서버들을 돌아다니다 보면 가장 흔하게 마주치는 것이 바로 도박 봇(Bot)이다. 이 도박판은 어른들의 불법 토토 사이트처럼 음침하게 생기지 않았다. 아이들의 눈높이에 맞춰 아주 귀엽고 캐주얼하게 포장되어 있다.

대표적인 것이 '달팽이 레이싱' '사다리 타기' '미니 파워볼' 게임이다. 화면에는 귀여운 픽셀 아트 달팽이 세 마리가 꼬물

디스코드 내 아이들을 유혹하는 도박 봇

거리며 기어간다. 아이들은 채팅창에 명령어를 입력해 1번 달팽이에 돈을 건다. "!베팅 5000 1번"

겉보기에는 단순한 미니게임 같지만, 오가는 돈은 실제 현금이다. 아이들은 주로 문화상품권 핀 번호를 운영자에게 보내 포인트를 충전한다. 편의점에서 쉽게 살 수 있는 문화상품권이 이곳에서는 칩으로 둔갑한다.

운영자들의 수법은 악랄하다. '가입비 없음' '초등학생 환영' '첫 충전 시 보너스 2배' 등 혜택과 함께 처음 접속한 아이에게는 무조건 돈을 따게 해준다. 5천 원을 걸었는데 2만 원이 되어 돌아온다. 아이는 생각한다. "와, 이거면 엄마 몰래 현질 실

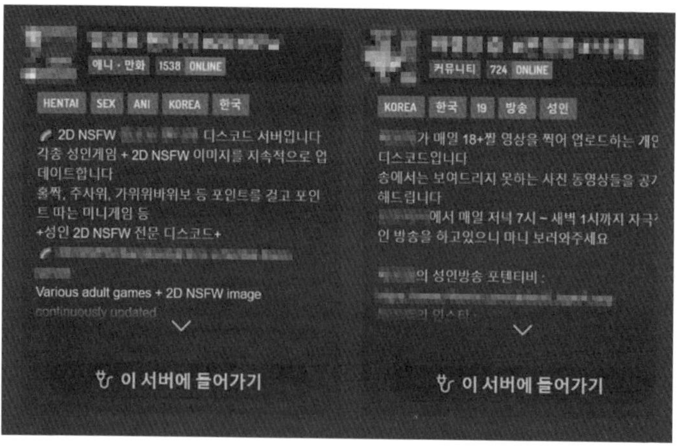

범죄의 플랫폼이 된 디스코드

컷 할 수 있겠는데?"

그 순간 도파민이 뇌를 지배한다. 아이는 베팅 금액을 키운다. 하지만 초심자의 행운은 금방 끝난다. 운영자는 승률을 조작해 아이의 돈을 야금야금 갉아먹는다. 본전을 찾겠다는 생각에 아이는 부모님의 지갑에 손을 대고, 친구에게 돈을 빌린다. 순식간에 빚은 수십만 원에서 많게는 수백만 원으로 불어난다.

마약 운반책이 된 아이들

돈을 다 잃고 빚 독촉에 시달리는 아이에게 운영자가 은밀한 개인 메시지를 보낸다. 이것이 2차 범죄의 시작이다.

"민준아, 돈 갚아야지? 형이 경찰에 신고하면 너네 부모님 뒤집어지는 거 알지?" "형이 시키는 심부름 하나만 하자. 그럼 빚 50만 원 다 까줄게."

그 심부름은 대개 두 가지다. 하나는 또 다른 친구를 도박 서버로 데려오는 다단계 호객 행위다. 친구를 팔아넘기면 빚을 탕감해 준다는 제안에 아이들은 죄책감 없이 반 친구들을 초대 링크로 끌어들인다.

더 끔찍한 것은 오프라인 범죄 가담이다. 최근 강남 학원가 마약 음료 사건의 배후에도 이런 식의 청소년 운반책들이 있었다. "지하철 역 물품 보관함에 가서 봉투 하나만 꺼내서 다른 데다 던져두고 와." 소위 드라핑(Dropping)이라 불리는 마약 비대면 거래 방식이다. 아이들은 그 봉투 안에 무엇이 들었는지도 모른 채 단지 빚을 갚기 위해, 혹은 쉽게 큰돈을 벌 수 있다는 유혹에 넘어가 마약 유통의 말단 조직원이 된다. 디스코드 도박 빚이 마약 범죄의 연결고리가 되는 순간이다.

지인 능욕해드립니다

도박과 마약이 아이들의 육체를 위협한다면 영혼을 파괴하는 것은 딥페이크 성범죄다. 과거 n번방 사건이 텔레그램에서 일어났다면 지금의 딥페이크 공장은 디스코드 봇을 통해 자동화되었다.

'지인 능욕방' '여사친 합성방' '엄마/누나 공유방' 등 서버 이름부터 입에 담기 힘든 이곳에서는 인공지능 기술이 최악의 형태로 악용된다. 전문적인 기술도 필요 없다. 서버에 설치된 딥페이크 봇에게 사진 한 장만 전송하면 된다.

아이들은 이것을 범죄가 아니라 놀이 혹은 복수라고 생각
한다. 나를 무시했던 여자애, 꼴 보기 싫은 담임 선생님의 사
진을 합성해 낄낄거리며 돌려본다.

더욱 충격적인 것은 가족이 화폐가 된다는 점이다. 일부 서
버에서는 "희귀한 아이템 줄 테니까 엄마나 누나 사진을 달
라"며 패륜적인 행위를 유도한다. 아이들은 레어 아이템을 얻
겠다는 욕심, 혹은 이 방에서 강퇴당하지 않고 인정받고 싶다

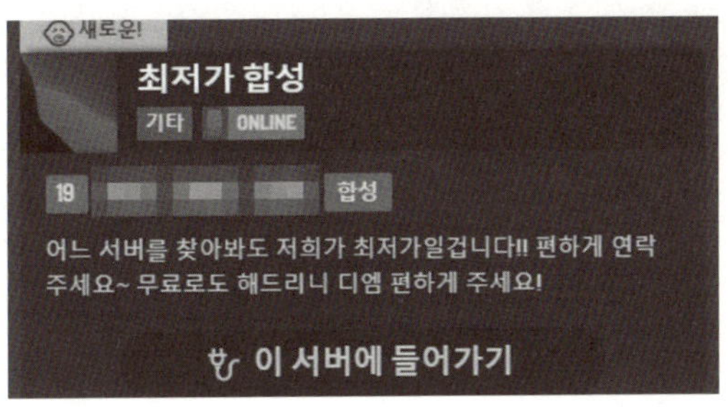

디스코드 내 무료로 합성을 해주겠다는 글

는 뒤틀린 인정 욕구 때문에 가족의 일상 사진을 범죄자들의 손에 넘긴다.

그렇게 만들어진 합성 사진은 텔레그램을 통해 전 세계로 퍼져나간다. 피해자인 같은 반 여학생, 심지어 내 가족이 사회적으로 매장당하는 동안 가해자인 아이는 모니터 뒤에서 킬킬대며 새 아이템을 장착하고 게임을 즐긴다.

닫힌 방문을 열어야 한다

지금 이 순간에도 수십만 명의 대한민국 아이들이 디스코드라는 지하 벙커에 접속해 있다. 그곳은 법도, 도덕도, 어른들의 감시도 통하지 않는 무법지대다. 아이들은 그곳에서 군복입은 아바타로 '5.18 폭도'를 때려잡는 게임을 하고, 귀여운 달팽이 경주에 코묻은 돈을 베팅하며, 친구의 얼굴을 음란물에 합성하는 법을 배운다. 부모님은 묻는다.

"우리 애가 방에서 게임만 좀 하는데 그게 뭐 큰 문제인가요?" "우리 애는 착해서 그런 거 몰라요. 학원 숙제하느라 바빠요."

어른들의 그 무지와 무관심이 저 견고한 벙커를 지켜주는 가장 큰 방패다. 우리가 방문을 열고 들어가 그들의 모니터가 꺼진 뒤에 진짜 펼쳐지는 그들의 세계를 들여다보지 않는 한, 아이들은 그 벙커 안에서 서서히, 그러나 아주 확실하게 괴물로 자라날 것이다.

이것은 소설이 아니다. 지금 당신의 거실 벽 하나를 사이에 두고 벌어지고 있는 실제 상황이다. 당신의 아이가 쓰고 있는 헤드셋 너머로 지금 악마가 말을 걸고 있다.

"안녕? 심심하지? 형이랑 재밌는 거 할까?"

Q&A 시간이
눈물의 상담소가 된 이유

우리 아이가 달라졌어요

#6

2025년 9월, 100명의 심사위원 앞

2025년 9월 민주당 최고위원 선출을 위한 공개 오디션 현장, 나를 포함한 후보들이 선 무대를 100명의 당원 심사위원단이 매의 눈으로 지켜보고 있었다. 심사위원단 대부분은 민주당의 허리이자 가장 강력한 지지층인 4050이었다.

정견 발표가 끝나고 이어진 질의응답 시간이었다. 나는 당연히 "이재명 정부의 성공을 어떻게 이끌 것인가?" "당원권 강화를 위한 구체적 복안이 있는가?" 같이 정책과 관련된 날카로운 질문이 쏟아질 거라 예상했다.

하지만 마이크를 잡은 한 중년 여성 당원의 첫마디는 내 예상을 완전히 빗나갔다. 그녀의 목소리는 미세하게 떨리고 있었다. "후보님, 거창한 정치 얘기 말고… 제 아들 고민 좀 들어주실 수 있나요?"

최고위원 오디션 포스터

우리 아이가 노무현 전 대통령을 조롱해요

그녀는 울먹이며 말을 이었다. "저는 평생 민주당을 사랑했고, 아이에게도 민주주의의 소중함을 가르치려 노력했습니다. 그런데 중2 아들이 학교에서 뭘 듣고 왔는지, 집에 오자마자 노무현 전 대통령님을 입에 담기도 힘든 말로 조롱하는 겁니다."

순간 장내가 술렁였다. 하지만 그것은 비난의 술렁임이 아니었다. '우리 아이도 그렇다'는 깊은 공감의 탄식이었다. 여기저기서 끄덕이는 고개, 붉어진 눈시울들이 보였다. 질문은 꼬리에 꼬리를 물고 이어졌다. 정치 토론장이 순식간에 '자녀 교육 상담소'이자 '집단 성토장'으로 변해버렸다.

"우리 애는 이재명 대통령을 간첩이라고 불러요." "유튜브 쇼츠에서 봤다는데, 5.18이 폭동이라고 우겨서 밥 먹다 싸웠습니다." "학원 선생님이 수업 시간에 혐오 발언을 하는데, 애들은 그게 재밌다고 낄낄거린대요." 100명의 심사위원 중 상당수가 같은 고통을 겪고 있었다. 그들은 밖에서는 '민주당의 주인'이라고 자부했지만, 정작 가정 내에서는 자녀들에게 '세뇌당한 전교조 세대' '좌파 꼰대' 취급을 받으며 고립되어 있었다.

할아버지랑 말이 더 잘 통해요, 고립된 4050

가장 충격적인 증언은 한 50대 남성 당원에게서 나왔다. 그는 허탈한 웃음을 지으며 마이크를 잡았다. "제가 며칠 전 추석 때 본가에 갔는데요. 70대인 제 아버지랑 중학생 제 아들이 짝짜꿍이 맞아서 저를 공격하더군요." 보수 지지자인 70대 조부와, 유튜브로 정치를 배운 10대 손자가 '반민주당' 정서로 끈

끈하게 연대하여 4050 세대인 아버지를 협공하는 기이한 풍
경이 펼쳐졌다는 것이다.

그는 그날 저녁 밥상이 모래알 같았다고 했다. "후보님, 제
가 밖에서는 존경받는 직장 상사인데, 집에서는 왕따입니다.
내 아버지와 내 아들 사이에서 저만 외딴섬처럼 둥둥 떠 있는
기분입니다. 이게 도대체 무슨 일입니까?"

공개 오디션이 끝나고 무대를 내려왔을 때 나는 등골이 서
늘했다. 우리는 그동안 '정권 교체' '검찰 개혁' 같은 거대 담론
에만 취해 있었다. 정작 우리의 가장 소중한 미래인 아이들의
머릿속이 혐오와 왜곡으로 물들어가는 동안 우리는 아무런
손도 쓰지 않고 방치했던 것이다.

심사위원들의 눈빛은 공포에 질려 있었다. 그것은 단순한
사춘기 반항에 대한 걱정이 아니었다. '내 아이가 설명할 수
없는 괴물이 되어가고 있다'는 거대한 공포였다.

4050 부모들은 절규하고 있었다. "후보님, 우리가 열심히
일해서 학원비 대주는 동안 학교와 유튜브는 우리 아이들을

극우 전사로 길러내고 있었습니다. 제발 우리 애들 좀 구해주세요.”

그날 오디션장의 Q&A는 나에게 가장 아픈 숙제를 남겼다. 안방을 빼앗긴 채 거리에서만 승리를 외치는 정치가 과연 무슨 의미가 있는가. 이 ‘무너진 밥상머리’를 복원하지 못한다면 민주당의 미래는, 아니 대한민국의 미래는 없다.

"엄마는 세뇌당한 거야"

안방에서 벌어지는 세대 전쟁

7

밥상머리에서 터진 일베의 언어들

"엄마, 솔직히 세월호는 교통사고 아니야? 민주당은 언제
까지 우려먹을 거야?"

평범한 저녁 식사 자리, 중학교 3학년 아들의 입에서 튀어
나온 말에 46세 주부 예진 씨는 들고 있던 숟가락을 떨어뜨릴
뻔했다. 그녀는 귀를 의심했다. 아들은 어릴 때 그녀와 함께
팽목항에 가서 노란 리본을 달았던 아이였다. "너 그게 무슨

소리니? 그게 어떻게 단순 사고야." 예진 씨가 떨리는 목소리로 반박하자, 아들은 밥을 씹으며 무심하게 대꾸했다.

아들의 입에서는 낯선 단어들이 쏟아져 나왔다. '좌파 떼법' '시체 팔이' '재앙'. 그것은 과거 인터넷 음지에서나 쓰이던 혐오의 언어들이었다. 하지만 지금 이 단어들은 내 아이의 입을 통해 우리 집 식탁 위를 점령했다. 예진 씨는 아들이 낯선 괴물처럼 느껴져 그날 밤 한숨도 잘 수 없었다고 했다.

민주당을 지지하면 왕따가 되는 교실

부모들은 묻는다. "도대체 어디서 그런 말을 배웠니?" 아이들의 대답은 한결같다. "학교에서 다 그래." 심사위원으로 참여했던 한 학부모의 아들은 학교 분위기를 이렇게 설명했다고 했다.

"엄마, 우리 반에서 민주당 지지한다고 하면 '대깨'라고 놀림 받아. 대가리 깨졌다면서 병신 취급당한다고. 애들이 쉬는 시간마다 이재명 대통령 욕하는 밈 보면서 낄낄거리는데, 거기서 정색하면 나만 왕따 돼."

이것이 지금 교실의 현실이다. 4050 세대에게 민주당 지지는 상식이자 지성인의 태도였지만, 지금 10대들의 교실에서 민주당은 '꼰대' '위선' '조롱거리'의 대명사가 되었다.

아이들은 생존하기 위해 혐오를 배운다. 또래 집단에서 배제되지 않기 위해, 그들은 가장 자극적인 극우 유튜버의 논리를 흡수하고 그것을 친구들과 공유하며 소속감을 느낀다. 학교는 더 이상 민주 시민을 길러내는 장이 아니라, 유튜브 우파 인큐베이터가 되어버렸다.

할아버지와 손자의 기묘한 동맹

이 비극적인 세대 전쟁의 하이라이트는 명절이나 가족 모임에서 벌어지는 '할아버지와 손자의 연합'이다. 평생 보수 정당을 찍어온 70대 할아버지, 평생 민주당을 찍으며 부모 세대와 싸워온 4050 아버지, 그리고 이제 막 정치를 알게 된 10대 아들. 과거에는 아버지가 할아버지와 정치 논쟁을 하면 손자는 옆에서 멀뚱히 있거나 스마트폰 게임을 했다. 하지만 지금은 다르다. 손자가 할아버지 편을 든다.

"나라가 좌파들 때문에 이 모양 이 꼴이다. 데모만 하는 놈들이 뭘 아냐." "맞아요, 할아버지. 걔네들 다 포퓰리즘으로 표 장사하는 거잖아요. 헬조선 만든 게 무능한 586 운동권들이에요." "오냐, 역시 우리 장손이 똑똑하구나. 네 아비보다 훨씬 낫다."

할아버지는 기특해 죽겠다는 듯 손자의 어깨를 두드린다. '샌드위치 고립.' 4050 세대는 위로는 산업화 세대 부모에게, 아래로는 디지털 우파 자녀에게 협공을 당한다. "아빠는 머리가 굳어서 그래." "너는 아직 세상을 몰라서 그런다." 4050 아버지는 집 안에서 철저히 고립된다. 자신이 피땀 흘려 지켜온 민주주의의 가치가 자신의 부모와 자식 양쪽에게서 동시에 부정당하는 처참한 경험. 수많은 4050 가장들이 겪고 있는 '안방의 패배'다.

오디션장에서 만난 그 학부모들의 눈물은 단순한 하소연이 아니었다. "우리 아이가 극우적인 말을 해서 충격이었어요"라는 말 속에는 '내 아이와 더 이상 대화가 통하지 않는다'는 절망이 담겨 있었다.

부모는 아이에게 올바른 역사를 가르치려 했고, 아이는 그것을 꼰대질로 받아들였다. 그 틈을 파고든 것은 자극적이고 재밌는 게임 유튜브, 인스타그램 극우 릴스였다. 우리가 광장에서 촛불을 들고 세상을 바꾸겠다고 외치는 동안, 정작 우리 아이들의 영혼은 혐오의 알고리즘에 잠식당하고 있었다. 가장 가까운 가족조차 설득하지 못한 우리가 과연 국민을 설득할 수 있을까? 그 100명의 심사위원들이 흘린 눈물은 민주당이 마주해야 할 가장 아픈 성적표였다.

"아빠는 위선자야"

정의를 비웃는 아이들

#8

역사 전쟁, 교과서보다 강력한 유튜브

"아빠, 담임 선생님이 전교조 빨갱이 간첩이었어."

유세 현장에서 만난 50대 당원 영수 씨는 고등학생 아들의 이 한마디에 억장이 무너졌다고 했다. 영수 씨는 아들에게 5.18 민주화 운동이 얼마나 숭고한 희생이었는지, 독재 정권이 얼마나 잔혹했는지 가르치려 했다. 하지만 아들은 코웃음을 쳤다.

아이들에게 학교 선생님이나 아버지는 더 이상 지식의 권위자가 아니다. 오히려 '편향된 사상을 주입하려는 꼰대'일 뿐이다. 그들에게 진짜 권위자는 화려한 그래픽과 자극적인 자막으로 '숨겨진 진실'을 폭로해 주는 우파 유튜버다.

부모 세대에게 역사는 '민주주의를 쟁취해 온 투쟁의 기록'이지만 아이들에게 역사는 '좌파들이 조작해 놓은 가짜 신화'일 뿐이다. 이 인식의 간극은 대화로 메울 수 있는 수준을 넘어섰다. 아버지가 훈계할수록 아들은 귀를 닫고 에어팟을 꽂는다. 그 안에서는 "586들이 나라를 망쳤다"는 유튜버의 목소리가 흘러나오고 있다.

인국공 사태의 트라우마

4050 부모와 1020 자녀가 가장 격렬하게 충돌하는 지점은 바

로 공정에 대한 정의다. 부모 세대는 '비정규직의 정규직화'나 '약자 배려'를 공정이라고 믿는다. 더불어 사는 세상을 가르치려고 한다. 하지만 아이들은 그것을 '새치기'이자 '도둑질'이라고 부른다.

한 학부모는 대학생 아들과 '인국공 사태(인천국제공항 정규직 전환 논란)'로 싸운 이야기를 들려주었다. "아들아, 비정규직 보안요원들도 고생했는데 정규직 시켜주는 게 좋은 거 아니니?" 그러자 평소 얌전하던 아들이 눈을 부릅뜨고 소리쳤다고 한다.

"아빠, 그게 무슨 개소리야? 나는 그 공사 들어가려고 토익 점수 따고 잠 줄여가며 공부하는데, 개들은 시험도 안 보고 정규직 된다고? 그게 공정이야? 그건 내 자리를 뺏는 거야! 무임승차는 죽어도 싫어!"

이 아이들에게 공정은 딱 하나, 바로 '시험 성적'이다. 시험을 통과한 사람, 고득점을 받은 사람만이 보상을 받아야 한다. 장애인이라서, 비정규직이라서 배려받는 것은 나의 몫을 약탈해 가는 불합리한 특혜다. 이 신화에 갇힌 아이들에게 부모가 말하는 연대와 평등은 무능한 자들의 떼쓰기를 받아주는 위선으로밖에 보이지 않는다.

　　　　　　　　　　　　1부. MH 세대와 교실의 유령들

아빠도 강남 살고 싶잖아

아이들이 부모의 말을 귓등으로도 듣지 않는 결정적인 이유
는 바로 '기성세대의 위선' 때문이다. 아이들은 부모의 입이
아니라 등을 보고 자랐다. 유세장에서 만난 한 아버지는 아들
에게 이런 말을 들었다고 고백했다.

"아빠는 맨날 정의로운 척, 깨어 있는 척하면서 왜 우리 이
사 갈 때는 학군 좋은 곳만 찾았어? 왜 나한테는 의대 가라
고 닦달해? 조국이랑 다를 게 없어. 아빠도 똑같잖아. 솔직
히 아빠도 강남 아파트 살고 싶으면서 왜 아닌 척해?"

아이들은 예리하다. 부모 세대가 입으로는 "평등한 세상"을
외치면서도 실제로는 자산 증식과 자녀 입시에 누구보다 혈
안이 되어 있다는 사실을 간파했다. 586 세대의 도덕적 권위
는 여기서 붕괴했다. "차라리 욕망에 솔직한 보수 유튜버가 낫
지. 겉과 속이 다른 민주당 지지자들, 역겨워." 이 역겹다는 감
정이 바로 1020 세대가 민주당과 부모 세대를 거부하는 핵심
정서다. 그들은 부모의 훈계를 듣는 것이 아니라, 부모의 가면
을 비웃고 있는 것이다.

상담을 요청했던 학부모들은 하나같이 우리 아이가 달라졌다며 울먹였다. 하지만 뼈아픈 진실을 말하자면, 그 괴물은 어느 날 갑자기 하늘에서 뚝 떨어진 것이 아니다. 치열한 입시 경쟁으로 아이들을 몰아넣고 "친구를 이겨야 산다"고 가르친 건 누구인가. 부동산에 목숨 걸고, 사교육에 올인하는 모습을 보여주며 '물질만능주의'를 몸소 실천한 건 누구인가. 바로 우리다.

아이들은 부모가 만든 '승자 독식의 시스템'을 너무나 충실하게 학습했을 뿐이다. '시험 성적이 전부이며 낙오자는 버린다'는 차가운 논리는 우리가 그들에게 물려준 유산이다. 유튜브 알고리즘은 단지 그 유산에 불을 붙였을 뿐이다.

아이가 내뱉는 혐오의 언어는 부모 세대의 감춰진 욕망이 거울에 반사되어 돌아온 부메랑일지도 모른다. 그래서 그들의 비웃음은 더욱 아프다.

민주당의 미래는
식탁에서 죽었다

정치적 대물림의 종말

#9

시간은 우리 편이라는 거대한 착각

민주당과 진보 진영이 수십 년간 신앙처럼 믿어온 '필승 공식'이 있다. 바로 인구학적 낙관론이다. "콘크리트 보수층인 7080 세대는 자연스럽게 퇴장할 것이고, 민주주의 교육을 받고 자란 젊은 세대가 유입되면 세상은 저절로 진보적으로 바뀔 것이다."

하지만 이 공식은 완전히 깨졌다. 시간은 결코 민주당의 편이 아니었다. 우리가 "요즘 애들은 깨어 있다"며 방심하고 있던 사이, 70대 노인보다 더 강력하고 더 완고한 '10대 우파'가 탄생했기 때문이다. 4050 부모들은 자녀에게 자신의 정치 성향이 유전될 것이라 믿었다. "내 자식이니까, 상식적으로 민주당을 지지하겠지." 그 안일한 믿음이 지금의 '콩가루 집안'을 만들었다. 정치적 유전자는 끊어졌다.

문제 푸는 기계

왜 이런 일이 벌어졌을까. 단순히 유튜브 때문일까? 아니다. 근본적인 원인은 대한민국의 교육 시스템과 부모의 방임에 있다.

우리 대한민국은 자녀 교육에 모든 것을 걸었다. 하지만 냉정하게 돌아보자. 우리가 아이들에게 시킨 것은 교육이 아니라 '사육'이었다. 우리는 아이들을 주어진 시간 안에 정답을 가장 빨리 찾아내는 기계로 길러냈다. 수능 문제에는 맥락이나 사정이 끼어들 틈이 없다. 오직 정답과 오답만이 존재한다. 0.1초라도 빠르게 O와 X를 가려내야 승리하는 이 시스템 속에서 아이들은 효율성을 최고의 가치로 내면화했다. 그런 아이들에게 "함께 살자" "약자의 사정을 봐주자" "기다려 주자"와 같은 민주주의의 가치는 비효율이자 오답일 뿐이다.

아이들은 세상사도 객관식 문제처럼 딱 떨어지기를 원한다. 그래서 복잡한 사회 문제를 "이게 다 전교조 탓" "이게 다 민주당 감성 떼법 탓"이라며 한 줄로 요약해 주는 극우 유튜버의 논리에 열광하는 것이다. 그 논리는 수능 문제처럼 깔끔하고 명쾌하다.

우리는 학원비는 대줬지만, 정작 '생각하는 근육'은 길러주지 못했다. 사유할 줄 모르는 문제 풀이 기계들은 이제 가장 효율적인 혐오의 논리로 무장하고 부모 세대를 공격하고 있다.

밥상머리의 실종, 외주화된 부모의 역할

이 비극을 완성한 것은 '밥상머리 교육'의 부재다. 4050 부모들은 가장 중요한 '가치관 교육'을 학원과 학교에 외주 줬다. 하지만 입시 학원은 점수 따는 법만 가르쳤고, 공교육은 무너

졌다. 부모와 자녀가 식탁에 마주 앉아 왜 우리가 약자를 도
와야 하는지, 정의란 무엇인지 치열하게 토론해 본 적이 있는
가? 대부분 없을 것이다. 그저 "밥 빨리 먹고 학원 가라"는 말
만 했을 뿐이다.

"아빠가 밖에서 촛불 들고 싸울 테니 너는 학원 가서 공부
나 해." "엄마가 돈 벌어서 학원비 낼 테니까 너는 1등급만
받아와."

부모가 비워둔 그 멘토의 자리에 치고 들어온 것이 바로 알
고리즘이다. 부모가 밖에서 정의를 외칠 때, 아이는 텅 빈 방
안에서 스마트폰을 통해 일베의 언어와 혐오의 논리를 가정
교사처럼 모셨다. 대화가 사라진 식탁 위에서 대한민국의 미
래는 조용히 질식사했다.

샤이 민주가 된 아이들

그 결과 요즘 교실에서는 기이한 현상이 벌어졌다. "우리 부모
님은 민주당 지지자야"라고 말하는 것이 부끄러운 일이 되었

다. 과거에는 보수 지지자들이 자신의 성향을 숨기는 '샤이 보수'였지만, 지금 10대들 사이에서는 민주당 지지자가 조롱의 대상이기에 숨어야 한다.

이것은 심각한 신호다. 정치는 '문화'다. 또래집단에서 힙하고 멋진 것으로 인식되어야 세력이 확장된다. 하지만 지금 10대들에게 민주당은 촌스럽고 위선적이며 말 안 통하는 꼰대들의 정당이다. 반면 우파는 솔직하고 유머러스하며 팩트를 말하는 쿨한 세력으로 포지셔닝에 성공했다. 문화적 주도권을 완전히 뺏긴 것이다.

가장 어려운
선거 운동은
안방에 있다

패배의 청구서, 그리고 뒤늦은 깨달음

우리는 1부를 통해 교실을 점령한 극우 혐오 놀이부터 딥페이크라는 디지털 흉기, 그리고 방문을 걸어 잠근 아이들의 진짜 세계까지 목격했다. 그리고 그 끝에서 나는 '학부모 오디션' 현장의 눈물을 마주했다. 그날 오디션장에서 부모들이 흘린 눈물은 단순한 슬픔이 아니었다. 그것은 우리가 지난 10년간 아이들을 알고리즘에 방치한 대가로 받아든, 가장 처참한 '패배의 청구서'였다.

진짜 전쟁터는 광장이 아니라 식탁이다

많은 정치인이 선거철이 되면 파란 점퍼를 입고 시장통을 돌며

악수를 청한다. 확성기로 지지를 호소하고, 유세차 위에서 춤을
춘다. 하지만 나는 단언한다. 거리에서 전단지를 돌리는 것보다
수백 배 더 어렵고, 수천 배 더 중요한 선거 운동이 따로 있다.
바로 오늘 저녁, 밥상머리에서 아이의 눈을 보고 대화하는
것이다.

우리는 그동안 너무 바빴다. 아이들을 좋은 대학에 보내기 위해
학원비를 벌고 민주주의를 지키기 위해 광장에 나가느라, 정작
내 집에서 벌어지는 '사상 전쟁'은 까맣게 모르고 있었다. 부모가
비워둔 멘토의 자리를 자극적인 유튜버들이 차지했고, 부모의
따뜻한 육성이 사라진 자리를 혐오의 알고리즘이 채웠다.

골든 타임은 얼마 남지 않았다

이제라도 바뀌어야 한다. 오늘 밤 식탁에서 "공부해라" "학원
숙제했니?"라는 말 대신 "너는 이 뉴스에 대해 어떻게 생각하니?"
"아빠는 네 생각이 정말 궁금해"라고 물어야 한다. 정답을 고르는
기술이 아니라 더불어 사는 지혜를 이야기해야 한다.

가정에서 설득하지 못한 정치는 광장에서도 승리할 수 없다.
집 안의 유권자조차 설득하지 못하면서 어떻게 국민의 마음을
얻겠다고 말할 수 있는가? 지금 전국의 수많은 식탁 위에서, 굳게
닫힌 아이들의 방문 뒤에서 대한민국의 미래가 죽어가고 있다. 그
숨통을 다시 트이게 할 수 있는 골든 타임은 이제 정말 얼마 남지
않았다.

Chapter 2

내 친구는
어쩌다
괴물이 되었나

결혼? 민철아, 너 미쳤냐?
내가 왜 설거지를 해?
너 진짜 뉴스만 보고 사냐?
세상 물정 너무 모른다.
내가 미쳤다고 '퐁퐁남'이 되냐고.

내가 쎄빠지게 공부해서
대기업 가고 돈 벌어서, 젊을 때
딴 남자들이랑 실컷 놀아난 여자들
뒤치다꺼리나 하면서 살라고?
그게 설거지야.
난 절대 그 호구 짓 안 해.

민철아, 너야말로 현실을 모르는 거야.
이게 팩트야. 통계를 보라고.
친자 불일치율이 얼마인지,
이혼율이 얼마인지 알아? 여자는 본능적으로
자기보다 잘난 남자를 찾게 되어 있어.
그걸 '하이퍼가미'라고 하는 거야.

민철아, 너도 공부해.
세상이 너를 속이고
있는 거야.

내가 커뮤니티에 뇌가
절여진 게 아니야.
나는 '진화심리학'을 공부해서
세상의 이치를 깨달은 거야.
영화 봤지? 너는 아직 가짜
세상에 사는 '블루필'을 먹은 거고,
나는 진실을 보는 '레드필'을
삼킨 거야.

솔직히 좀 통쾌하지 않았냐?
나라 꼴이 말이 아니잖아.
민주당이고 586 꼰대들이고
싹 다 밀어버려야 정신 차리지.
탱크로 밀어버려야
나라가 리셋이 되지.

성수동 카페에서 만난
멀끔한 괴물

내 친구가 달라졌어요

#10

3년 만의 재회, 힙스터가 된 K

2025년 10월의 어느 주말, 서울에서 가장 힙하다는 성수동의 한 대형 베이커리 카페. 붉은 벽돌로 지어진 공장을 개조해 만든 그곳은 2030 세대들로 발 디딜 틈이 없었다. 커피 머신 돌아가는 소리와 갓 구운 빵 냄새, 그리고 적당히 소란스러운 재즈 음악이 흐르는 지극히 평화롭고 세련된 풍경이었다.

나는 이곳에서 고등학교 동창 K를 만나기로 했다. 3년 만이었다. 군 전역 후 각자 대학 생활과 취업 준비로 바빠 연락이

뜸했던 터라, 나는 조금 설레는 마음으로 그를 기다렸다. "야, 정민철! 진짜 오랜만이다."

멀리서 손을 흔들며 걸어오는 K의 모습은 내가 기억하던 고등학생 시절의 그 촌스러운 모범생이 아니었다. 그는 요즘 유행하는 브랜드의 오버핏 셔츠를 깔끔하게 차려입고, 세련된 펌을 한 머리에 젠틀몬스터 안경을 걸친 영락없는 '성수동 힙스터'였다. 서울 소재 중상위권 대학을 다니며 대기업 취업을 준비한다는 그는, 겉으로 보기엔 우리 사회가 규정하는 건실하고 미래가 촉망되는 청년의 표상이었다.

우리는 아이스 아메리카노 두 잔을 시켜놓고 흔한 20대 남자들의 근황 토크를 시작했다. "취업 시장 진짜 헬이더라. AI 면접 준비하느라 죽는 줄 알았다." "너 이번에 주식으로 좀 벌었냐? 엔비디아 샀어야 했는데." 대화는 물 흐르듯 자연스러웠다. 적어도 대화의 주제가 연애와 결혼으로 넘어가기 전까지는 말이다.

너 설거지론 몰라?

"야, 너랑 1년 사귀었다던 그 여자친구랑은 잘 지내냐? 슬슬

결혼 얘기 안 나와?" 내 가벼운 질문에, 방금까지 사람 좋게 웃던 K의 표정이 순식간에 차갑게 굳어졌다. 그는 빨대를 신경질적으로 씹으며, 마치 더러운 오물을 본 사람처럼 입꼬리를 비틀었다.

순간 나는 내 귀를 의심했다. 설거지? 식당 알바 이야기를 하는 건가? 아니면 집안일 분담 이야기를 하는 건가? 나의 당황한 표정을 읽은 K는 혀를 차며 나를 한심하다는 눈빛으로 쳐다봤다.

성수동의 세련된 카페, 재즈 음악, 향긋한 커피 향. 이 모든 배경과 전혀 어울리지 않는 단어들이 K의 입에서 기관총처럼 쏟아져 나왔다. '퐁퐁남' '한녀' '도축론'. 그것은 내가 취재를 위해 접속했던 인터넷 최하위 남초 커뮤니티, 혹은 일베의 댓글창에서나 보던 혐오의 언어들이었다. 그런데 그 끔찍한 단어들이 지금 내 눈앞에 멀끔하게 차려입은 내 친구의 육성으로 생중계되고 있었다.

레드필, 혐오를 공부한 아이들

학창 시절의 K는 분명 순진한 친구였다. 축구를 좋아했고, 여학생 앞에서 말도 잘 못 걸던 수줍은 소년이었다. 일베를 하는 친구들을 보면 "으, 벌레 새끼들"이라며 경멸하던 지극히 상식적인 가치관을 가진 아이였다. 그런 K가 어쩌다 이렇게 변했을까.

내가 조심스럽게 물었다. "야, 말이 좀 심하다. 인터넷을 너무 많이 본 거 아니야? 현실은 안 그래." 그러자 K는 정색하며 테이블을 탁 쳤다. 그의 눈빛은 맑았고 목소리엔 확신이 가득 찼다.

"민철아, 너야말로 현실을 모르는 거야. 이게 팩트야. 통계

　　　　　2부. 내 친구는 어쩌다 괴물이 되었나

를 보라고. 친자 불일치율이 얼마인지, 이혼율이 얼마인지 알아? 여자는 본능적으로 자기보다 잘난 남자를 찾게 되어 있어. 그걸 '하이퍼가미'라고 하는 거야."

그는 스마트폰을 꺼내 각종 통계 그래프와 유튜버들의 영상을 나에게 보여주며 일장연설을 늘어놓았다.

"내가 커뮤니티에 뇌가 절여진 게 아니야. 나는 진화심리학을 공부해서 세상의 이치를 깨달은 거야. 영화 「매트릭스」 봤지? 아직 가짜 세상에 사는 너는 '블루필'을 먹은 거고, 나는 진실을 보는 '레드필'을 삼킨 거야."

몇 년 전, 앤드루 테이트(Andrew Tate)는 왜곡된 진화심리학을 기반으로 여성 혐오적 남성성을 주입하며 막대한 수익을 창출해 논란의 중심에 섰다. 그의 콘텐츠는 '레드필(Red Pill)'로 불린다. 영화 「매트릭스」에서 유래한 명칭으로, 먹으면 진실을 알게 된다는 의미다. 레드필 콘텐츠가 한국식 설거

앤드루 테이트 쇼츠

지론과 결합해 '여성은 본능적으로 알파 메일(Alpha Male)을 찾으며, 헌신적인 남자는 베타 메일(Beta Male)로 착취당한다'는 식의 논리로 포장되어 숏폼을 통해 광범위하게 유포되었다.

K와 과거의 '일베충' 사이에는 결정적인 차이가 있었다. 10년 전 일베 유저들은 자신들이 패륜, 고인 모독 등 사회적으로 부끄러운 짓을 한다는 자각이 있었다. 그래서 현실에서는 일베 하는 티를 내지 않으려 애썼다.

하지만 K는 달랐다. 그는 당당했다. 아니, 오히려 우월감에 차 있었다. 그는 자신의 혐오 발언을 부끄러운 배설이 아니라, 불편한 진실을 마주하는 용기이자 지적인 통찰이라고 믿고 있었다. 그는 숨는 대신 나를 진실을 모르는 불쌍한 퐁퐁남 예정자 취급하며 가르치려 들었다.

괴물은 뿔 달린 악마가 아니다

대화가 정치 이야기로 넘어가자 K의 확신은 더욱 견고해졌다. 지난 12.3 내란에 대해 묻자 그는 피식 웃으며 말했다.

"솔직히 좀 통쾌하지 않았냐? 나라 꼴이 말이 아니잖아. 민그는 민주주의가 무너진 것을 걱정하는 게 아니라 그 혼란을 '도파민 터지는 이벤트'로 즐기고 있었다. 그날 집으로 돌아오는 길에 나는 큰 혼란과 공포에 빠졌다. 만약 K가 사회 부적응자이거나 방구석에만 박혀 있는 은둔형 외톨이었다면 차라리 이해하기 쉬웠을 것이다. '세상에 불만이 많아서 저러는구나'라고 치부하면 그만이니까.

하지만 K는 '인싸'다. 그는 주말마다 러닝 크루에 나가고, 인스타그램에 핫플 사진을 올리고, 대기업 면접을 보러 다니는 우리 사회의 주류다. 이것이 지금의 진짜 공포다. 괴물은 뿔 달린 악마의 형상을 하고 있지 않다. 멀끔한 옷을 입고 힙한 카페에서 커피를 마시며 우리 옆에서 웃고 떠드는 내 친구, 내 직장 동료, 내 가족이 바로 그 괴물일 수 있다. 혐오는 이제 음습한 하수구를 넘어 양지바른 성수동 카페 테라스까지 침범했다. 그리고 K는 나에게 마지막으로 말했다.

커뮤니티의 진화

쓰레기통에서 광장으로, 그리고 도파민 지옥으로

11

1세대 일베, 우리는 쓰레기다

K를 이해하기 위해서는 그와 나의 세대가 머물렀던 온라인 공간의 역사를 되짚어봐야 한다. 그 시작점에는 대한민국 인터넷 역사상 가장 악명 높은 이름, '일베저장소'가 있다.

2010년대 초반, 일베는 사회의 하수구였다. 그들은 고 노무현 전 대통령을 비하하는 온갖 콘텐츠를 쏟아내고, 세월호 유가족 앞에서 피자를 먹는 '폭식 투쟁'을 벌였다. 하지만 당시 일베 유저들에게는 기묘한 특징이 하나 있었다. 바로 자기 비하다. 그들의 모토는 '우리는 병신이다'였다. 그들은 서로를 우리 사회의 소수자 '게이' '장애인'이라고 부르며 낄낄거렸다. 그랬기에 그들은 현실 세계에서는 철저히 자신의 정체를 숨겼다. 이를 일반인 코스프레를 줄여 '일코'라고 불렀다.

이때까지만 해도 우리 사회에는 방화벽이 존재했다. 일베는 나쁜 곳이며 사회의 쓰레기통이라는 합의가 있었고, 일베 유저들 스스로도 그 벽을 넘으려 하지 않았다. 혐오는 그저 격리된 공간에서 그들끼리 배설하는 더러운 취미 생활이었다.

2세대 펨코, 우리는 공정하다

일베가 쇠락한 자리를 꿰찬 것은 '에펨코리아'로 대표되는 2세대 남초 커뮤니티다. 이곳은 일베와 다르다. 아니, 정확히 말하면 "우리는 일베와 다르다"고 끊임없이 주장함으로써 정당성을 획득했다.

펨코의 인터페이스는 깔끔하다. 축구 이야기를 하고, 유머 자료를 올린다. 노골적인 욕설이나 고인 모독은 관리자에 의해 제재당한다. 겉보기엔 아주 건전하고 정상적인 광장처럼 보인다. 하지만 그 깔끔한 포장지 아래에는 일베보다 더 정교하고 강력한 혐오의 논리가 흐르고 있다. 펨코가 내세우는 핵심 가치는 '공정'과 '팩트'다.

그들은 혐오를 배설하지 않는다. 대신 논증한다. 그래프와 뉴스 기사, 통계 자료를 가져와 자신들의 주장이 얼마나 이성적이고 합리적인지 증명하려 든다. 대부분 왜곡되거나 맥락이 없는 자료다. K가 나에게 "나는 공부해서 깨달았다"고 말한 배경이 바로 여기다. 펨코는 청년들에게 '너희는 패배자가 아니라 불공정한 세상의 피해자이자 진실을 아는 지식인'이라는 자부심을 심어주었다.

일베가 부끄러운 일탈이었다면 펨코는 정의로운 투쟁이 되었다. 혐오가 '도덕적 우월감'이라는 옷을 입고 양지로 나온 순간, K와 같이 평범한 청년들은 죄책감 없이 괴물이 될 수 있었다.

3세대 숏폼, 생각하지 말고 그냥 느껴

그리고 지금 우리는 가장 위험한 3세대를 마주하고 있다. 바로 유튜브 쇼츠, 인스타그램 릴스, 틱톡의 시대다.

펨코와 같은 커뮤니티는 그래도 글을 읽어야 했다. 최소한의 논리 구조를 파악하고, 댓글로 토론도 해야 했다. 하지만 숏폼 영상은 그 과정조차 생략해 버린다. 15초 안에 승부를 봐야 한다. 여기에 맥락이나 비판적 사고가 끼어들 틈은 없다.

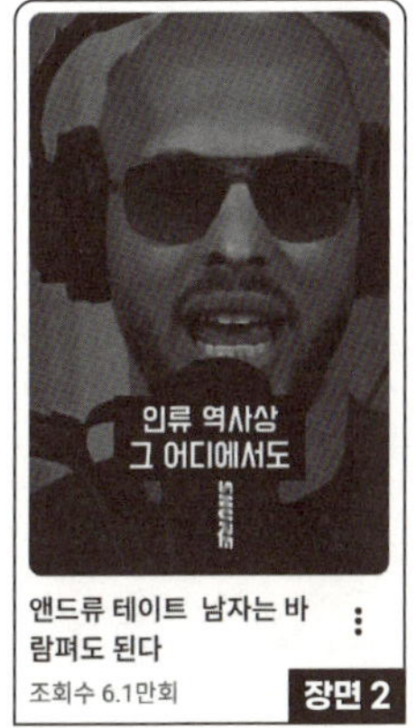

[장면 1] 화려한 화장을 한 여성이 "데이트 비용은 남자가 내야죠"라고 말하는 자극적인 인터뷰 클립

[장면 2] 바로 이어지는 영상, 근육질의 남성 인플루언서 앤드루 테이트가 "여자는 바람 피우면 안 되고, 남자는 된다"며 남성중심주의 세계관을 전달하는 팟캐스트 클립

오직 강렬한 시각적 자극과 도파민만이 존재한다. 알고리즘이 K에게 보여주는 영상의 패턴은 이렇다.

여기에 무슨 논리가 있는가? 없다. 그냥 "여자는 원래 별로인 존재고, 이런 남자는 위대하다"는 감각적 메시지를 뇌에 때려박는 것이다. 이를 '사이버렉카'들이 주도한다. 그들은 팩트 체크 따위는 하지 않는다. 조회수가 곧 돈이기 때문에 가장 혐오스러운 제목, 가장 자극적인 썸네일로 청년들을 유혹한다.

뇌를 해킹 당한 아이들

K는 이제 펨코의 긴 글도 잘 읽지 않는다. 그조차도 지루하기 때문이다. 그는 출근길 지하철에서, 잠들기 전 침대에서 무한히 스크롤을 내리며 릴스를 본다. 알고리즘은 '필터 버블'을 만들어 그를 가둔다. 그가 혐오 영상에 3초 이상 머무르는 순간, 유튜브는 '아, 주인님은 이런 걸 좋아해'라고 판단하고 더 강력한 혐오 영상을 끊임없이 공급한다. 나중에는 이것이 알고리즘이 추천해 준 영상인지, 나의 의지로 본 영상인지조차 구분할 수 없게 된다.

혐오는 이제 사상이나 이념이 아니다. 그저 뇌를 짜릿하게 만드는 '도파민 간식'이 되었다. 생각할 틈을 주지 않는 이 플랫폼 위에서, 내 친구 K는 비판적 사고 능력을 거세당한 채 반사적으로 혐오를 소비하는 중독자가 되어가고 있다.

일베는 하수구에 있었기에 피할 수 있었다. 펨코는 접속하지 않으면 그만이었다. 하지만 릴스는 내 손안의 스마트폰에서 매일 밤 나의 뇌를 해킹한다. 이것이 K가 일베보다 더 강력하고, 펨코보다 더 교화하기 힘든 괴물이 된 이유다.

"진지 빨지 마, 역겨우니까"

쿨찐들의 시대와 냉소의 갑옷

#12

진지함이 죄악이 된 세상

K와 대화하다가 내가 무심코 "그래도 우리가 사회 문제에 관심을 가져야 세상이 조금이라도 좋아지지 않겠냐"고 말했을 때였다. K는 마치 상한 음식을 본 사람처럼 인상을 찌푸리며 손사래를 쳤다.

"아, 제발 씹선비 같은 소리 좀 하지 마. 오글거려. 니가 무슨 독립운동가냐?"

2부. 내 친구는 어쩌다 괴물이 되었나

지금의 청년 세대에게 진지함은 일종의 죄악이다. 그들에게 정의, 연대, 희망, 공동체 같은 단어는 촌스럽고 위선적이며, 무엇보다 '역겨운' 것으로 취급된다. 누군가 진지한 표정으로 사회의 구조적 모순을 이야기하면 그들은 즉각적으로 반응한다.

이 '오글거림' 기피 현상은 단순한 유행이 아니다. 이것은 기성세대가 보여준 과잉된 도덕성과 말뿐인 정의에 대한 처절한 반작용이다. 청년들은 보았다. 입으로는 민주주의와 정의를 부르짖던 586 정치인들이 뒤로는 부동산 정보를 이용해 투기하고, 자녀 입시 비리를 저지르고, 룸살롱에서 여성을 대상화하는 모습을.

K에게 '정의'를 말하는 사람은 두 부류뿐이다. 사기꾼이거나 아니면 세상 물정 모르는 바보거나. 위선 떠는 꼰대들처럼 되느니 차라리 욕먹더라도 솔직한 속물로 사는 게 낫다. 그래서 그들은 '쿨함'을 연기한다. 세상 모든 일에 무관심한 척, 어떤 비극 앞에서도 감정적으로 동요하지 않는 척하는 것이 가장 세련되고 지성적인 태도라고 믿는다.

잔인한 주문, 누칼협과 알빠노

이 냉소주의가 극단적으로 발현된 것이 바로 2020년대 중반을 강타한 두 가지 유행어, '누칼협'과 '알빠노'다.

'누칼협'은 구조적 책임을 개인의 선택 문제로 환원시키는 가장 잔인한 논리다. 공무원이 박봉에 시달리며 과로사해도 "누가 공무원 하라고 칼 들고 협박함? 네가 선택했잖아". 반지하 주택이 침수되어 사람이 죽어도 "누가 거기 살라고 칼 들고 협박함? 돈 못 번 네 탓이지". 이 논리 앞에서 사회적 안전망이나 국가의 책임은 설 자리가 없다. 모든 불행은 잘못된 선택을 한 개인의 무능 탓이 된다.

'알빠노'는 타인의 고통에 대한 공감 자체를 거부하는 선언이다. "지구 반대편에서 전쟁이 나든, 옆집 사람이 굶어 죽든, 내 코인이 오르는 것과 상관없으면 알 바 아니다." 과거에는 타인의 불행에 무관심하더라도 겉으로는 안타까워하는 척이라도 했다. 하지만 지금은 그 '척'조차 하지 않는다. 공감 능력의 결여는 부끄러움이 아니라 감정에 휘둘리지 않는 이성적인 태도로 추앙받는다.

K는 이태원 참사나 전세 사기 피해자 뉴스를 보면서도 "감성팔이 지겹다"며 채널을 돌린다. 이 끔찍한 무감각함. 이것이

  2부. 내 친구는 어쩌다 괴물이 되었나

바로 K가 입고 있는 '냉소의 갑옷'이다.

쿨찐의 탄생

이런 심리를 대변하는 신조어가 바로 '쿨찐'이다. 원래는 사회성이 부족한 사람을 비꼬는 말이었지만, 역설적으로 지금 20대 남성 커뮤니티의 주류 정서는 바로 이 '쿨찐' 감성이다.

왜 그들은 쿨찐이 되었을까? 심리학적으로 보면 이것은 '방어기제'다. 지금의 20대는 대한민국 역사상 가장 경쟁이 치열하고, 역사상 가장 스펙이 뛰어나지만 부모 세대보다 가난해질 것이 확정된 첫 번째 세대다. 노력해도 성공할 수 없고, 월급을 모아도 서울에 내 집 하나 가질 수 없다는 학습된 무력감. 그들은 상처받지 않기 위해 스스로의 마음을 얼려버렸다.

"어차피 안 될 거니까 기대하지 말자." "남을 동정할 에너지가 있으면 나부터 챙기자."

희망을 가졌다가 좌절하는 고통을 겪느니 애초에 세상은 원래 썩었다고 냉소해 버리는 편이 정신 건강에 이롭기 때문이다. 그들은 자신의 패배주의와 열등감을 들키지 않기 위해 오히려 더 공격적으로 세상을 비웃고 조롱하는 방식을 택했다.

착한 건 멍청한 거야

냉소의 가장 깊은 뿌리에는 호구가 되기 싫다는, 거의 강박에 가까운 공포가 자리 잡고 있다. K가 가장 혐오하는 인간상은 나쁜 사람이 아니다. 바로 '호구 잡히는 사람'이다.

"민철아, 군대 돌아가는 것 좀 봐라. 나라 지키러 가서 다치면 나만 손해다. 국가는 짜장면 한 그릇 사주고 끝낸다. 여자? 뼈 빠지게 돈 벌어다 주면 ATM 취급하고 뒤에서 딴짓한다. 세금? 내 돈 뜯어서 일 안 하는 백수들 지원금 준다."

그들의 세계관에서 선의는 미덕이 아니라 '약점'이다. 착한 척하다가는 뼈까지 발라 먹힌다는 피해의식이 뼛속 깊이 박혀 있다. 그래서 그들은 모든 인간관계를 철저히 가성비와 손익 계산으로 따진다. 내가 100원을 줬으면 정확히 100원이 돌아와야 한다. 만약 90원만 돌아온다? 그건 착취이자 사기다.

    2부. 내 친구는 어쩌다 괴물이 되었나

이 계산적인 태도가 정치적 올바름과 정면으로 충돌한다.

"왜 내가 장애인 이동권 때문에 출근길에 늦어야 돼? 내 시간 손해 보는 건?" "왜 내가 여성을 배려해야 해? 남자만 독박 징병 당하는 것도 억울한데?"

그들에게 사회적 약자를 위한 배려는 공존이 아니라, 나를 호구로 만드는 불공정한 특혜일 뿐이다. 카페를 나서는 K의 뒷모습을 보며 나는 씁쓸함을 감출 수 없었다. 그는 한 손에는 최신형 스마트폰을 들고, 귀에는 노이즈 캔슬링 이어폰을 꽂은 채 걷고 있었다. 멀끔한 셔츠를 입고 성수동 거리를 활보하지만, 그의 내면은 타인에 대한 신뢰가 사라져 황무지처럼 메말라 있었다.

우리는 K를 괴물이라 부른다. 혐오를 배설하고, 약자를 조롱하고, 민주주의를 냉소하는 괴물. 하지만 그 괴물을 만든 것은 누구인가. 성실하면 부자 된다고 거짓말한 기성세대, 혐오를 돈벌이 수단으로 삼은 유튜브 알고리즘, 그리고 친구를 밟고 올라가지 않으면 죽는다고 무한 경쟁을 가르친 학교다.

이 거대한 시스템 속에서 K는 살기 위해, 미치지 않기 위해 괴물이 되기를 선택했다. 상처받지 않기 위해 냉소했고 호구가 되지 않기 위해 혐오했다. 그가 내뱉는 "알빠노"라는 차가운 말은 어쩌면 나 좀 살려달라, 내 고통을 좀 알아달라는 가장 처절한 비명일지도 모른다.

　　　　　2부. 내 친구는 어쩌다 괴물이 되었나

광화문의 사냥꾼들

조회수가 된 인간 사냥

#13

기자가 아닌 사냥꾼들의 등장

온라인 배양실에서 자라난 끔찍한 혐오 문화는 이제 모니터를 뚫고 오프라인 광장으로 쏟아져 나왔다. 2024년 12월 탄핵 촉구 촛불 집회와 맞불 집회가 뒤엉킨 광화문 광장, 그곳의 풍경은 과거와 사뭇 다르다. 거대한 스피커와 깃발 사이로 기묘한 움직임을 보이는 무리들이 있다. 최신형 스마트폰을 짐벌에 고정한 채 먹잇감을 찾아 하이에나처럼 눈을 번득이는 극우 정치 유튜버들이다.

그들은 스스로를 '1인 미디어' 혹은 '시민 기자'라고 칭한다. 하지만 그들의 행동 양식은 취재가 아니라 사냥에 가깝다. 그들은 집회의 주최 측이나 유력 정치인을 향해 질문하지 않는다. 그들의 카메라는 철저하게 현장의 가장 '약한 고리'를 향한다. 혼자 집회에 참여한 여성, 어수룩해 보이는 노인, 혹은 아직 상황 파악이 덜 된 앳된 학생들이다. 그들은 짐짓 예의 바른 척 다가가 마이크를 들이댄다.

순진한 시민이 그들의 카메라가 켜진 줄도 모르고, 혹은 자신의 목소리를 낼 기회라고 생각해 인터뷰에 응하는 순간 지옥문이 열린다.

함정 수사, 조리돌림의 시작

인터뷰가 시작되면 태도는 돌변한다. 그들은 질문을 하는 것이 아니라 심문을 하고, 대화를 하는 것이 아니라 함정을 판다.

질문의 의도는 명확하다. 상대를 당황하게 만들고 화를 내게 유도하는 것이다. 시민이 말문이 막혀 더듬거리거나 불쾌해하며 화를 내는 순간을 그들은 놓치지 않는다. 카메라는 시민의 일그러진 표정을 집요하게 클로즈업한다. 유튜버는 렌즈를 정면으로 응시하며 소리친다.

그것은 인터뷰가 아니라 미리 짜인 각본대로 상대를 악마화하는 리얼리티 쇼다. 논리는 필요 없다. 오직 상대가 추하게 망가지는 자극적인 그림만이 필요할 뿐이다.

슈퍼챗으로 즐기는 실시간 콜로세움

현장의 유튜버보다 더 공포스러운 존재는 그 방송을 실시간으로 지켜보고 있는 수천 명의 시청자들이다. 스마트폰 화면 속 채팅창은 로마 시대의 콜로세움과 다를 바 없다. 관중들은 엄지손가락을 아래로 내리며 "죽여라"를 외친다.

"아줌마 면상 실화냐? ㅋㅋㅋ." "저 년 신상 털어라. 금융치료 좀 받게 해주자." "도망가네? 쫓아가! 끝까지 쫓아가서 참교육 가즈아!"

유튜버는 채팅창의 반응을 보며 아드레날린을 느낀다. 시청자들이 더 자극적인 것을 원할수록, 유튜버는 더 과격하게 시민을 몰아붙인다. 욕설을 퍼붓고, 도망가는 시민의 뒤를 쫓아가며 어깨를 잡아채거나 길을 막는다.

이 광기의 동력은 철저하게 자본주의적이다. 시민이 모욕을 당하고 곤경에 처할 때마다 화면에는 알록달록한 슈퍼챗 메시지가 폭죽처럼 터진다.

"정의 구현 감사합니다! 5만 원 쏩니다!" "속이 다 시원하네

 2부. 내 친구는 어쩌다 괴물이 되었나

혐오가 돈이 되는 순간이다. 타인의 고통을 전시하고, 인간의 존엄을 짓밟는 행위가 실시간으로 현금화된다. 자본과 결합한 혐오에는 브레이크가 없다. 더 잔인할수록, 더 모욕적일수록 수익은 올라간다. 그들에게 집회 현장은 민주주의의 광장이 아니라 조회수와 후원금을 채굴하는 노다지 광산일 뿐이다.

디지털 주홍글씨

그날 광장에서 찍힌 영상은 거기서 끝나지 않는다. 라이브 방송이 종료되면, 가장 자극적인 장면들만 편집되어 「참교육 레전드」 「좌파 멘붕 영상」 「1호선 할배 참교육」 같은 제목을 달고 쇼츠와 릴스로 2차 가공된다.

피해자의 얼굴은 모자이크조차 없이 전 세계로 송출된다. 알고리즘은 이 영상을 수백만 명에게 배달한다. 피해자는 하루아침에 조롱거리가 된다. 학교 친구가, 직장 동료가, 동네 이웃들이 그 영상을 본다. "어? 이거 너 아니야? 너 집회 나가서 이러고 다녀?"

이 '디지털 주홍글씨'는 지워지지 않는다. 피해자는 사회적 인격 살인을 당한다. 개명하고 이사를 가도 인터넷 어딘가에는 그 영상이 좀비처럼 떠돌아다닌다. 준비할 시간을 준 발표도 아니었다. 단 한 번 자신의 정치적 소신을 표현했다는 이유로 치러야 하는 대가는 너무나 가혹하다.

이러한 사냥 행위는 강력한 공포 학습 효과를 남긴다. 온건하고 합리적인 시민들은 이 꼴을 당하지 않기 위해 광장을 떠난다. 목소리를 낼 용기를 잃어버린다. '아, 집회 나가면 저렇게 신상 털리고 조리돌림 당하는구나.' '내 의견을 말했다가는 인생이 나락 가는구나.'

결국 광장은 점점 더 극단적이고 폭력적인 목소리들, 그리고 돈 냄새를 맡고 몰려든 혐오 비즈니스 업자들만의 차지가 되어간다. 민주주의의 공론장이 혐오의 투기장으로 변질되는 과정이다.

다시, K에게 묻는다

내 친구 K는 지금도 퇴근 후 캔맥주를 따며 그 영상을 보고 있

　　　　　　　　2부. 내 친구는 어쩌다 괴물이 되었나

을 것이다. 낄낄거리며 채팅창에 "ㅋㅋㅋ"을 치거나, "누가 시위 나가라고 칼 들고 협박함? 꼬우면 집에 있었어야지"라고 댓글을 달고 있을지도 모른다. 그에게, 그리고 우리 사회에 묻고 싶다. 당신들이 지금 팝콘을 먹으며 즐기고 있는 그 영상 속의 사냥감이 단지 '남의 일'이라고 생각하는가?

아니다. 당신들이 찢어발기고 있는 것은 대한민국의 민주주의 그 자체다. 서로 다른 생각을 가진 사람들이 공존할 수 있는 신뢰의 기반, 약자가 자신의 목소리를 낼 수 있는 안전한 공간을 당신들은 낄낄거리며 부수고 있다. 혐오를 놀이처럼 소비하고 타인의 고통을 화폐로 교환하는 이 야만의 시스템을 멈추지 않는다면, 언젠가 그 카메라는 반드시 당신의 얼굴을 향하게 될 것이다. 당신이 실수로라도 군중 속에서 넘어졌을 때, 혹은 당신이 정말 억울한 일을 당해 거리로 나왔을 때, 하이에나들은 똑같이 당신에게 마이크를 들이대고 물어뜯을 것이다.

그때 가서 "누가 칼 들고 협박함?"이라는 비아냥을 듣게 된다면 당신은 과연 웃을 수 있을까. 우리는 지금 괴물을 키우고 있는 것이 아니다. 우리 스스로가 괴물의 먹이가 될 날을 재촉하고 있는 것이다. 이것이 내가 성수동 카페에서 K의 번듯한 미소 뒤에 숨겨진 서늘한 공포를 느낀 진짜 이유다.

그들의 분노는
가짜가 아니다

데이터로 본 우경화와 알고리즘의 공모

#14

2021년 4월, 이미 울렸던 경고 사이렌

많은 사람들이 2022년 대선을 20대 남성 보수화의 정점이라고 기억하지만, 사실 그 거대한 지각변동의 서막은 1년 전인 2021년 4월 7일에 이미 올랐었다. 서울시장 보궐선거 출구 조사 결과가 발표되던 순간 여의도 정치권은 얼어붙었다.

당시 국민의힘 오세훈 후보에게 투표한 20대 남성의 비율은 무려 72.5%였다. 이 수치가 얼마나 비현실적인 것이었냐하면, 전통적인 보수 지지층이라 불리는 60대 남성의 지지율

70.2%보다도 높았다. 대한민국 건국 이래 가장 젊은 세대가 가장 나이 든 세대보다 더 압도적으로 보수 정당의 손을 들어 준 역사적인 사건이었다.

민주당은 충격에 빠졌다. 불과 몇 년 전까지만 해도 촛불 집회의 선두에 섰던 청년들이 왜 자신들을 향해 이토록 차갑게 등을 돌렸는지 이해하지 못했다. 그들은 이것을 일시적인 바람이나 부동산 문제에 대한 단발성 분노라고 애써 축소 해석했다. 하지만 그것은 오진이었다. 72.5%라는 숫자는 단순한 지지가 아니었다. 그것은 민주당이 청년 세대의 마음을 잃어버렸다는 명백한 파산 선고였다.

2022년 3월 9일, 확인 사살된 세대 전쟁

그로부터 1년 뒤인 2022년 3월 9일 저녁 7시 30분, 제20대 대통령 선거 투표가 종료되고 발표된 방송 3사 출구조사 결과는 1년 전의 지표가 우연이 아니라 경고였음을 확실하게 증명했다. 화면에 뜬 그래프는 대한민국 정치사를 통틀어 가장 기형적이고 충격적인 모양새를 하고 있었다.

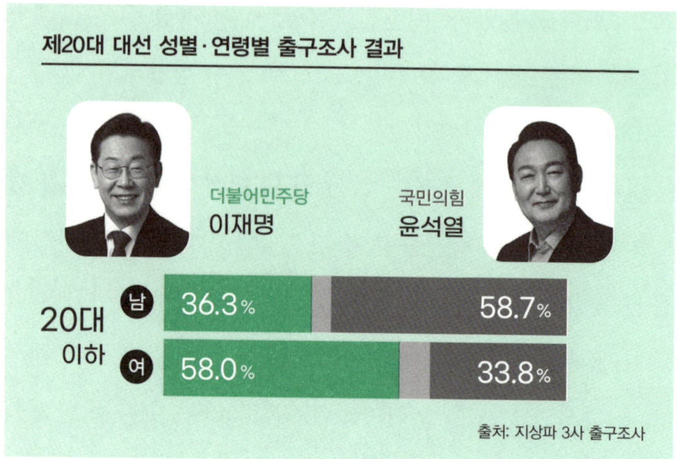

마치 모세의 기적처럼, 혹은 칼로 무를 베어낸 것처럼 20대라는 같은 세대가 성별에 따라 완벽하게 두 동강 나 있었다. 50대 이하가 진보, 60대 이상이 보수라는 기존의 세대 투표 공식은 완전히 파괴되었다. 20대 남성은 60대, 70대 노인층보다 더 강력하고 열렬하게 보수 정당을 지지하는 콘크리트 지지층으로 굳어져 있었다.

당시 민주당 선거 캠프와 진보 지식인들은 당혹감을 감추지 못했다. "도대체 왜? 우리가 청년들을 위해 얼마나 많은 복지 정책을 폈는데." "단지 페미니즘이 싫어서 저러는 거야? 철들이 없네." 하지만 그것은 뼈아픈 오판이었다. 2021년의

72.5%와 2022년의 58.7%. 이 숫자들은 그들의 분노가 일시적인 반항이나 단순한 세뇌의 결과가 아님을 말해준다. 그들이 투표장에서 찍은 도장은 기성세대가 만든 불공정한 세상에 대한 살려 달라는 구조 신호이자, 그 구조 신호를 1년 넘게 무시하고 가르치려 든 진보 진영을 향한 명백한 살의였다.

2025년 6월 대선,
김문수와 이준석 사이에서 길을 잃다

12.3 내란 이후의 혼란 속에서 치러진 운명의 2025년 6월 조기 대통령 선거는 20대 남성들의 분노가 어디까지 갈 수 있는지를 보여준 '지옥도'였다. 국민의힘은 윤 어게인 강성 보수층의 지지를 업고 김문수를 대선 후보로 확정했고, 보수에서 이탈한 이준석은 개혁신당 후보로 독자 출마했다. 민주당은 다시 한번 이재명을 내세웠다. 이때 개표 방송 출구조사에서 확인한 20대 남성의 투표 결과는 그야말로 충격적이다.

이 숫자가 의미하는 바는 끔찍하다. 20대 남성들은 자신들이 그토록 혐오하던 '틀딱 보수' '태극기 부대'의 상징인 김문수에게조차 이재명보다 훨씬 더 많은 표를 던졌다. 평소라면

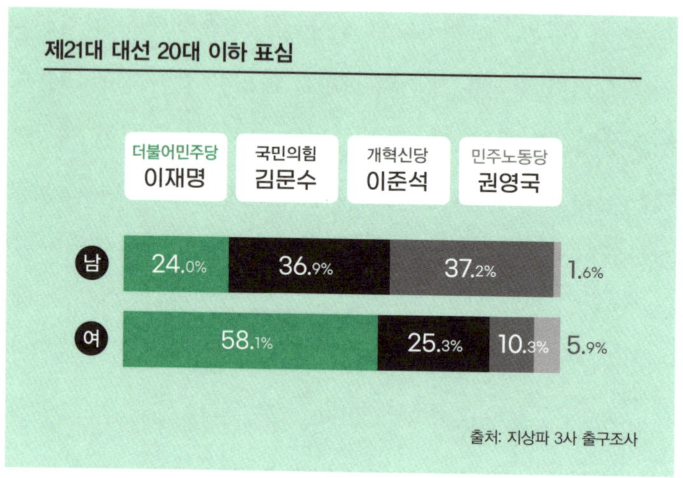

"노인네들이나 찍는 당"이라며 비웃었을 국민의힘이지만, 상대가 민주당이라면 이야기가 달라진다.

"민주당이 되느니 차라리 김문수 찍고 다 같이 죽자." "똥팔육 좌파 척결해 준다는데 틀딱이면 어떠냐."

이준석에게 던져진 37.2%의 표심은 '냉소적 능력주의'로의 도피였고, 김문수에게 던져진 36.9%의 표심은 민주당을 향한 '맹목적 증오'였다. 이 둘을 합치면 무려 74.1%다. 2021년 서울 시장 보궐선거 때보다 외면의 강도는 더 세지고, 결집력은 더 단단해졌다.

반면 이재명 후보는 20대 남성에게 고작 24.0%를 얻으며 3위로 추락했다. 대한민국 대통령으로 당선된 대선 후보가 미래 세대인 20대 남성들에게는 '논외의 대상' 취급을 당한 것이다. 2021년에는 경고를 했고, 2022년에는 확인 사살을 했으며, 2025년에는 침을 뱉고 떠나버렸다. 이제 그들은 민주당이 무슨 말을 해도 듣지 않는다. 그들에게 민주당은 '찍으면 호구되는 정당' '박멸해야 할 위선 집단'으로 완전히 낙인찍혔다. 이것은 선거 패배가 아니라 한 성별 한 세대 전체로부터 당한 '영구 제명' 조치였다.

단군 이래 가장 불행한 스펙 세대

그렇다면 무엇이 이들을 이렇게까지 몰아붙였는가. 데이터를 보자. 통계청이 발표한 사회조사 결과에 따르면, 20대 남성이 느끼는 사회적 박탈감과 미래에 대한 불안은 전 세대를 통틀어 압도적인 1위를 기록한다.

그들은 단군 이래 가장 고스펙을 갖춘 세대다. 영어는 기본이고 각종 자격증에 인턴 경험까지, 부모 세대인 586세대가 대학 졸업장 하나로 대기업에 골라 가던 시절과는 차원이 다른 경쟁력을 갖췄다. 하지만 그들에게 주어진 일자리는 단군 이래 최악이다. 경제 성장률 1~2%대의 저성장 시대. 양질의 일자리는 이미 4050 세대가 꽉 잡고 놓지 않는다. 정규직의 문은 좁아졌고 그나마 남은 자리는 계약직, 인턴, 알바뿐이다. 부모 세대는 "노력하면 된다"고 말하지만, 20대 남성들은 안다. 어지간한 직장에서는 월급을 한 푼도 안 쓰고 30년을 모아도 서울에 아파트 한 채를 살 수 없다.

그들의 분노는 이 절망적인 경제 데이터 위에서 싹텄다. '내가 무능해서가 아니야. 세상이 잘못된 거야.' 이 합리적인 분노가 향할 곳을 찾지 못해 헤매고 있을 때, 누군가가 좌표를 찍어주었다. 바로 인스타그램이다.

내 운동장은 이미 무너졌어

진보 진영은 지난 10년간 "여성은 사회적 약자이며, 기울어진 운동장을 바로잡아야 한다"고 설파했다. 4050 남성들에게 이 말은 설득력이 있었다. 그들은 실제로 가부장적 혜택을 누리며 살아왔기 때문이다.

하지만 지금의 20대 남성에게 이 말은 가스라이팅으로 들린다. 그들이 경험한 교실에서 여학생은 약자가 아니었다. 공부도 더 잘하고, 선생님에게 사랑받고, 학생회장도 더 많이 하는 '슈퍼 파워'였다. 대학 입시와 취업 시장에서도 여성들은 독하게 스펙을 쌓아 경쟁에서 이겼다. 그런데 사회는 자꾸만 20대 남성에게 "너희는 기득권이니 양보하라"고 강요한다.

"군대 가서 2년 동안 최저시급도 못 받고 구를 때, 여자들은 먼저 사회 나가서 경력 쌓았잖아요. 근데 왜 취업할 때 여자라고 가점을 줘요?"

그들이 보기에 지금의 운동장은 여성이 약자인 기울어진 운동장이 아니라, 남성이라는 이유만으로 족쇄를 차고 뛰어야 하는 '역차별의 운동장'이다. 그들이 느끼는 박탈감은 허상이 아니라 실재한다.

인스타그램이 화약고에 불을 질렀다

이 지점에서 결정적인 역할을 한 것이 바로 알고리즘이다. 20대

남성이 느끼는 경제적 절망과 젠더적 박탈감은 훌륭한 화약고
였다. 그리고 인스타그램 릴스는 이 화약고에 불을 붙인 라이터
였다.

그들이 '취업이 힘들다'고 검색하면, 알고리즘은 경제 구조
의 모순을 설명하는 영상 대신 '여자가 네 일자리를 뺏고 있
다'는 혐오 영상을 보여주었다. 그들이 '군대 가기 싫다'고 생
각하면, 알고리즘은 국방 정책을 비판하는 영상 대신 '페미니
스트들이 군인을 비하한다'는 자극적인 클립을 무한 재생시
켰다.

인스타그램은 그들의 분노를 사회 구조가 아닌 여성, 민주
당, 586 등 특정 대상에게 쏟아붓도록 아주 정교하게 유도했
다. 2025년 대선에서 김문수와 이준석에게 20대 남자의 표가
쏠린 것은 우연이 아니다. 인스타그램 릴스와 유튜브 쇼츠가
매일 밤 그들에게 속삭였기 때문이다.

"이준석이 답이다. 그가 너희의 억울함을 풀어줄 것이다."
"김문수가 답이다. 그가 저 위선적인 좌파들을 탱크로 밀어
버릴 것이다."

알고리즘은 타협이나 공존을 보여주지 않는다. 가장 극단

     2부. 내 친구는 어쩌다 괴물이 되었나

적이고 자극적인 선택지만을 정답처럼 제시한다. 그래서 그들은 합리적인 대안 대신, 자신의 분노를 가장 화끈하게 대변해 줄 극단의 칼날을 쥐게 된 것이다.

벼랑 끝에서 잡은 손이 보수였을 뿐

결국 정리하자면 이렇다. 민주당은 이들의 박탈감을 이해하려 들지 않고 도덕 교과서만 읽어줬다. 반면 보수 정치권과 인스타그램 알고리즘은 그들의 언어로 말했다.

"너희 억울한 거 안다. 쟤네가 나쁜 놈들이다. 우리가 죽여주겠다."

그것이 포퓰리즘이든 갈라치기든 20대 남성에게는 처음으로 '내 고통을 알아주는 어른'이 나타난 것이다. 그들이 보수화된 것은 보수의 이념을 사랑해서가 아니다. 진보가 그들을 버렸고 인스타그램을 매개로 보수가 그 빈자리를 혐오로 채워주었기 때문이다.

그들의 분노는 진짜다. 경제적 몰락, 젠더 갈등에서의 고립,

그리고 이를 증폭시킨 알고리즘의 선동. 이 세 가지가 결합하여 가장 강력하고 공격적인 정치 결사체 '극우 이대남'이 탄생했다. 이것을 인정하지 않고 "20대 남자들이 일베에 세뇌되었다"고 혀만 찬다면 민주당은 앞으로 영원히 이들의 표를 얻지 못할 것이다. 아니, 표를 잃는 것을 넘어 가장 강력한 적을 마주하게 될 것이다.

공정이라는 가면을 쓴 차별
그리고 피해자 서사

알고리즘이 편집한 가짜 공정의 세계

15

2020년 6월, 인천공항에서 산산조각 난 유리창

20대 남성들이 민주당에 등을 돌리게 된 결정적인 트리거를 꼽으라면 많은 사회학자들은 2020년 6월 터진 일명 '인국공 사태'를 지목한다.

당시 문재인 정부는 '비정규직 제로'를 선언하며 공사 측 보안요원 1,900여 명을 청원경찰 신분으로 직접 고용하겠다고 발표했다. 기성세대인 586 진보 진영에게 이것은 정의였다. 열악한 처우에 시달리는 노동자들에게 안정적인 삶을 보장해

주는 것, 그것이야말로 그들이 꿈꾸던 '사람 사는 세상'이었
다.

하지만 이 소식이 20대 취업 준비생들의 스마트폰에 도착
했을 때는 전혀 다른 형태였다. 인스타그램과 에브리타임에
는 "연봉 5천 주는 정규직, 알바하다가 로또 맞았다" "너희가
3년 공부할 때 나는 줄 잘 서서 정규직 된다 ㅋㅋㅋ" 같은 자
극적인 오픈카톡방 캡처가 사실 여부도 확인되지 않은 채 카
드뉴스 형태로 도배되었다. 복잡한 고용 구조나 정책의 맥락
은 거세되었다. 남은 것은 '노력 VS 운'이라는 아주 선명하고
자극적인 대립 구도뿐이었다.

"나는 토익 점수 1점 올리려고 고시원에서 컵밥 먹는데, 누
구는 대통령 잘 만나서 무혈입성하는 게 정의냐?"

기성세대는 "보안요원과 대졸 공채는 직렬이 달라서 너희
자리를 뺏는 게 아니다"라고 해명했지만, 이미 늦었다. 20대
남성들에게 그 말은 들리지 않았다. 그들이 분노한 지점은 결
과가 아니라 과정의 공정성이 훼손되었다는 믿음 때문이었
다. 그날 인천공항에서 깨진 것은 보안요원들의 비정규직 딱
지만이 아니었다. SNS라는 확성기를 통해 청년들이 믿고 있

　　　　　　　2부. 내 친구는 어쩌다 괴물이 되었나

던 공정한 사다리에 대한 마지막 신뢰 또한 산산조각 났다.

586의 정의와 20대의 공정,
번역되지 않는 대화

여기서 우리는 세대 간 공정의 정의가 근본적으로 다름을 발견한다. 586 세대에게 공정은 결과의 평등이자 약자에 대한 배려다. 출발선이 다른 사람에게 혜택을 주어 결승선에 비슷하게 들어오게 돕는 것이 그들에겐 정의다.

반면 2000년대생 남자들에게 공정은 철저한 시험 만능주의이자 절차적 정당성이다. 그들은 유치원 때부터 1등부터 30등까지 줄 세우는 경쟁에 익숙했다. 그들에게 공정은 '시험 점수대로 보상받는 것'이다. 이 관점에서 보면, 사회적 약자 배려는 곧 무능력자에게 주는 특혜이자 노력한 자에 대한 역차별이 된다.

"왜 여자라는 이유로 가산점을 줘? 스펙은 내가 더 높은데."

"왜 지방대 할당제로 뽑아? 수능 공부는 내가 더 열심히 했는데."

인스타그램의 '비교 문화'는 이 박탈감을 극대화한다. 내 친구가 공기업에 갔다는 소식은 인스타 스토리로 실시간 중계되는데 나는 도서관에 박혀 있다. 이 조바심 속에서 민주당의 평등 정책은 '내 밥그릇을 걷어차는 반칙'으로 보일 뿐이다. 조국 사태가 그토록 20대 남성들을 격분하게 만든 이유도 그들이 신성시하는 '시험의 룰'을 기득권이 유린했기 때문이다.

우리는 절대적 피해자다, 알고리즘이 완성한 피해자 서사

이 능력주의 세계관 위에서 20대 남성들은 스스로를 '절대적 피해자'로 규정한다. 그리고 인스타그램 알고리즘은 매일 밤 이 믿음을 강화한다. 4050 남성들은 가부장제의 수혜자라는 부채감이 있지만, 20대 남성들은 억울하다.

"우리는 가부장의 권력을 누린 적이 없다. 오히려 독박 징병, 경제적 부양 등 가부장의 짐만 짊어지고 있다."

그들이 느끼기에 대한민국 최하위 계급은 '20대 군필 남성'

     2부. 내 친구는 어쩌다 괴물이 되었나

이다. 여성들은 혜택을 누리고, 장애인은 배려받고, 노인은 연금을 받는데, 사지가 멀쩡한 20대 남성은 국가로부터 착취만 당한다는 인식이다.

가장 뜨거운 감자는 단연 '군 복무'다. 최저시급도 안 되는 돈을 받으며 1년 반을 사회와 단절되어 있는데, 스마트폰을 켜면 릴스에서 '군캉스' '군무새'라며 군인을 조롱하는 영상이 뜬다. 알고리즘은 그들이 분노할 만한 영상만 골라서 보여준다. 피해자 서사가 완성되는 순간, 그들의 혐오 발언은 '공격'이 아니라 '정당방위'가 된다.

"꿀은 너희가 빨았는데, 왜 희생은 내가 해?" "페미니스트를 공격하는 건 나쁜 짓이 아니야. 내 밥그릇을 뺏으려는 도둑들을 막아내는 정의로운 투쟁이야."

그래서 그들은 당당하다. 1장과 2장에서 봤던 K가 성수동 카페에서 "설거지론이 팩트"라고 목소리를 높일 수 있었던 심리적 기제는 바로 알고리즘이 주입한 피해자 의식 덕분이다.

걷어차인 사다리, 그리고 약자 혐오

문제는 이 시험 만능주의적 공정관이 필연적으로 '약자 혐오'
로 이어진다는 점이다.

그들은 586, 민주당으로 대표되는 기득권에게는 분노하지
만 비정규직, 장애인, 외국인 노동자 등 우리 사회의 진짜 약
자들에게는 더 가혹하다. 전장연의 지하철 시위를 보며 "출근
길 막지 말라"며 욕설을 퍼붓는 심리가 그렇다. 나의 출근과
생존을 방해하는 것은 그 무엇도 용납할 수 없다는 극단적 효
율성의 추구다.

이준석과 같은 정치인은 이 지점을 정확히 파고들었다. '갈
라치기가 아니라 비효율을 걷어내는 것'이라는 논리로 그들
의 혐오에 면죄부를 주었다. 민주당은 이들을 향해 "약자와 연
대하라"고 호소한다. 하지만 이미 벼랑 끝에 몰려 나 하나 건
사하기도 벅찬 그들에게 연대는 사치다.

그들은 사다리 위로 올라가기 위해 발버둥 치면서, 동시에

내 사다리를 흔들 것 같은 아래쪽 사람들을 사정없이 걷어차고 있다. 그리고 그 서글픈 발길질을, 인스타그램은 '사이다' '참교육'이라며 응원하고 퍼나른다. 그들은 괴물이 아니다. 고장 난 시스템과 사악한 알고리즘 속에서 잘못된 방식으로 생존을 도모하고 있는 조난자들이다.

꼰대 진보의 착각

우리가 너희를 위해 어떤 일까지 했는데

#16

민주당은 왜 노잼 꼰대가 되었나

"너희가 역사를 몰라서 그래." "독재 정권 때 우리가 어떻게 싸웠는지 알아?" 20대 남성들이 민주당 지지자인 부모님 혹은 학교 선생님이나 직장 상사로부터 가장 듣기 싫어하는 말 1위가 바로 이것이다. 소위 '민주화 무용담'이다.

물론 586세대가 피 흘려 쟁취한 민주주의의 가치는 숭고하다. 하지만 그것을 청년들에게 훈계의 도구로 사용하는 순간, 그 숭고함은 꼰대질로 변질된다.

20대 남성에게 민주화 운동은 삼국 통일이나 임진왜란처럼 역사책에 나오는 옛날 이야기일 뿐이다. 그들에게 당장 중요한 것은 오늘의 생존이다. 월세 낼 돈이 없고, 코인 떡락에 잠 못 이루고, 취업 원서는 넣는 족족 광탈한다. 그런데 민주당 정치인들은 자꾸만 거대 담론을 이야기한다. 통일, 검찰 개혁, 언론 개혁, 민족 정기….

"아니, 검찰이 개혁되든 말든 내 통장 잔고랑 무슨 상관입니까?" "집값은 2배로 올려놓고 이제 와서 민족 통일이 중요합니까?"

그들에게 민주당은 '말이 안 통하는 집단'이다. 내 다리가 부러져서 아프다는데, 옆에서 "너희 할아버지는 다리가 잘리고도 살았어. 엄살 피우지 마"라고 훈계하는 꼴이다. 공감 능력의 부재다. 아이러니하게도 "사람이 먼저다"를 외쳤던 진보 진영이, 정작 청년이라는 '사람'의 구체적인 고통에는 가장 무감각했다.

사다리를 걷어찬 위선자들

20대 남성들이 민주당에 결정적으로 학을 뗀 사건은 부동산 폭등과 더불어 '가상화폐 규제 논란'이었다. 2018년, 그리고 2021년 가상화폐 광풍이 불었을 때, 문재인 정부의 고위 관료들은 이렇게 말했다. "가상화폐는 도박이다. 어른들이 잘못된 길로 가는 아이들을 막아야 한다."

이 발언은 청년들의 역린을 건드렸다. 그들이 코인에 미친 듯이 매달린 이유는 도박 중독이라서가 아니었다. 노동 소득만으로는 평생 서울에 집 한 채 살 수 없는 현실에서 코인은 그들이 잡을 수 있는 유일한 사다리였기 때문이다.

그런데 기성세대는 그 사다리를 '도박'이라며 걷어차려고 했다. 더 공분을 산 것은 그 말을 한 어른들의 자산 상태였다. 그들은 강남 아파트값 폭등으로 가만히 앉아서 수십억 원을 벌었다. 부동산이라는 안전한 도박판을 선점한 기득권들이, 이제 막판에 끼어보려는 청년들에게 "땀 흘려 일하라"고 훈계한 것이다.

"지들은 부동산으로 꿀 빨아놓고, 우리한테는 평생 월 200만 원 받으면서 노예처럼 살라고?"

2부. 내 친구는 어쩌다 괴물이 되었나

이때부터 민주당의 도덕성은 '내로남불'이라며 조롱거리가 되었다. 조국 사태와 LH 투기 사태를 거치며, 20대 남성들에게 민주당은 더 이상 정의로운 투사가 아니었다. 착한 척하면서 뒤로는 잇속 다 챙기는 위선자였다. 차라리 "나는 욕심쟁이다"라고 솔직하게 말하는 보수 정치가 더 쿨해 보일 지경이었다.

너희는 교육받지 못한 세대야, 오만한 선민의식

민주당과 진보 지식인들의 가장 큰 패착은 청년들의 보수화를 무지의 결과로 해석했다는 점이다. 선거에서 질 때마다 그들은 이렇게 분석했다. "20대 남자들이 극우 유튜브 가짜뉴스에 속았다." "역사 교육이 부족해서 보수화되었다." "페미니즘에 대한 반발 심리 때문에 판단력이 흐려졌다."

이 분석의 기저에는 지독한 선민의식이 깔려 있다. '우리는 절대 선이고 오류가 없는데, 우리를 지지하지 않는다면 너희가 못 배워서 그렇다'는 오만함이다. 유시민 작가가 "20대 남성들이 축구하고 롤 하느라 책을 안 읽어서 그렇다"는 식의 발언을 했을 때, 20대 남성 커뮤니티는 폭발했다.

“우리가 바보라서 윤석열 찍은 줄 알아? 아니, 너희가 싫어서 찍은 거야.” “우리를 가르치려 들지 마.”

이들은 역사상 가장 정보를 많이 접하는 똑똑한 세대다. 그들은 바보라서 속은 게 아니라, 민주당의 위선을 간파하고 심판한 것이다. 그런데도 반성 대신 계몽하려 드는 태도는 돌아섰던 마음을 혐오로 굳어지게 만들었다.

쿨하지 않은 정의는 정의가 아니다

20대 남성 문화의 핵심 코드는 '쿨함'과 '사이다'다. 복잡하게 돌려 말하는 것, 도덕적인 척하는 것, 진지한 척하는 것을 극도로 혐오한다. 보수 정치인들, 특히 이준석을 필두로 한 신보수 세력은 이 코드를 완벽하게 읽었다. 그들은 짧고 직관적인 단어, 밈, 그리고 공격적인 화법으로 청년들의 속을 뻥 뚫어주었다. 내용의 옳고 그름을 떠나 일단 스타일이 맞았다. 반면 민주당의 화법은 구식이다. 만연체 문장, 비장한 어조, 도덕적 당위성만 강조하는 설교. 유튜브 쇼츠에 익숙한 세대에게 민주당의 연설은 스킵하고 싶은 지루한 훈화 말씀일 뿐이다.

    2부. 내 친구는 어쩌다 괴물이 되었나

결국 20대 남성에게 민주당은 '무능한데 착한 척하는 꼰대'로 낙인찍혔다. 이 낙인은 논리로 지워지지 않는다. 감정의 골이 너무 깊어졌기 때문이다. 그들이 12.3 내란 때 "탱크로 국회를 밀어버려"라며 환호한 것은 독재가 좋아서가 아니었다. 저 꼴 보기 싫은 586 꼰대들이 당황하고 무너지는 꼴을 보고 싶은 뒤틀린 복수심의 발현이었다.

우리가 그들을 괴물이라고 부르기 전에 누가 그들에게 훈계를 늘어놓았는지, 누가 괴물에게 먹이를 주었는지 되돌아봐야 한다. 거울을 보면 거기에 근엄한 표정으로 혀를 차고 있는 우리 자신의 모습이 비칠지도 모른다.

2024년 12월,
두 개의 광장

촛불을 든 자와 팝콘을 든 자

#17

택시 안의 비장함, 국회 앞의 적막함

2024년 12월 3일 밤 10시 25분. 윤석열의 비상계엄 선포가 속보로 뜨자마자, 나는 함께 사회 이슈 스터디를 하던 20대 초반 남성 동생들과 주저 없이 거리로 뛰쳐나갔다. "형, 이거 진짜 미친 거 아니에요? 2024년에 계엄령이라뇨." "빨리 가자. 국회 막히면 끝이다." 우리는 급하게 택시를 잡아타고 여의도로 향했다. 택시 안에서 우리는 당연히 국회 앞이 분노한 청년들로 인산인해를 이룰 것이라 예상했다. 2016년 박근혜 탄핵 촛불 집회 때처럼, 롱패딩을 입은 대학생들이 스크럼을 짜고 민주주의를 외치고 있을 것이라 믿었다. 스터디 멤버들의 눈빛은 비장했다. 우리가 역사의 현장으로 가고 있다는, 민주주의를 지켜야 한다는 뜨거운 의무감이 차 안을 가득 채웠다.

하지만 국회의사당역에 내려 현장에 도착했을 때, 우리가 마주한 풍경은 예상과 전혀 달랐다. 국회 정문 앞은 수천 명의 시민들로 북적이고 있었지만, 인파를 헤치고 들어갈수록 묘한 위화감이 들었다. "어? 형, 우리 또래가 안 보이는데요?"

주위를 둘러보니 촛불을 들고 고함을 지르는 사람들은 대부분 40대, 50대 중년 남성들이거나 백발이 성성한 60대 노장들이었다. 가끔 보이는 젊은 층은 대부분 여성이었다. 나와 함께 온 스터디 멤버들처럼 자발적으로 뛰쳐나온 20대 남성 무리는 그야말로 가뭄에 콩 나듯 했다. 군중 속에서 우리는 섬처럼 고립된 느낌을 받았다.

카광의 1만 명 시청자, 그 기괴한 엔터테인먼트

그때였다. 저 멀리서 구호 소리와는 다른 이질적인 소란스러움이 느껴졌다. 인파 사이를 비집고 들어간 곳에는 인터넷 방송인 '카광'이 있었다. 여장 남자 콘셉트와 자극적인 콘텐츠로 인터넷상에서 숱한 논란을 몰고 다니는 그가, 국회 정문 바로 앞에서 셀카봉을 높이 든 채 라이브 방송을 하고 있었다.

나는 무심코 그의 스마트폰 화면을 곁눈질했다가 등골이 서늘해지는 것을 느꼈다. '실시간 시청자 10,248명.' 밤 11시가 넘은 늦은 시각, 무려 1만 명이 넘는 사람들이 그의 방송을 보고 있었다. 채팅창은 폭포처럼 보일 정도로 빠르게 올라가고 있었다.

그 1만 명의 시청자들, 그들이 바로 지금 이 현장에 없는 나의 20대 남성 친구들이었다. 그들은 국회로 달려와 바리케이드에 몸을 부딪히는 대신 따뜻한 이불 속에서 스마트폰을 켜고 이 상황을 예능으로 소비하고 있었다. 카광이 현장을 중계하는 방식은 저널리즘이 아니었다. 그것은 철저한 구경거리였다. 그날 밤, 국회 앞에는 민주주의를 지키려는 20대 남성은 극소수였지만 민주주의가 불타는 것을 구경하려는 관중은 수만 명이었다.

따뜻한 방구석, 도파민이 터지는 진짜 광장

현장에 나온 소수의 청년들은 고립감에 시달려야 했다. 함께 온 스터디 동생 중 한 명이 스마트폰을 확인하더니 허탈한 표정으로 말했다. "형, 제 친구들 단톡방 보여드릴까요? 지금 다들 '와 씨, 나라 망하는 거 실시간 관전 꿀잼' '탱크 들어간다 ㅋㅋㅋ' 이러고 있어요. 우리가 여기 와 있는 거 알면 병신 취급당할 것 같아요."

사라진 20대 남성들은 에펨코리아, 디시인사이드, 그리고 유튜브 라이브 채팅창이라는 '진짜 광장'에 모여 있었다. 계엄령 선포 직후, 남초 커뮤니티의 트래픽은 폭발했지만 그 반응은 분노가 아닌 거대한 엔터테인먼트 관람이었다.

"국회 유리창 깨짐 ㅋㅋㅋㅋ 타격감 지리네." "이재명 담 넘는 거 봄? ㅋㅋㅋ 개꿀잼." "야, 탱크 들어오면 주식시장 어떻게 되냐? 숏 쳐야 함?"

그들에게 민주주의의 붕괴는 심각한 재난이 아니라, 지루한 일상에 터진 초대형 이벤트이자 팝콘 각이었다.

조커가 된 청년들, 다 같이 망하자

이 기이한 현상을 이해하려면 영화「조커」를 떠올려야 한다. 고담 시가 불타오를 때, 사람들은 공포에 떨었지만 조커는 춤을 췄다. 지금 대한민국의 20대 남성 중 상당수가 바로 이 조커의 심리 상태에 놓여 있다.

그들은 성실하게 노력했다. 국영수를 공부했고, 대학을 갔고, 군대를 다녀왔고, 스펙을 쌓았다. 하지만 돌아온 것은 좁은 취업 문, 가질 수 없는 아파트, 그리고 잠재적 가해자라는 사회적 낙인뿐이었다. 민주당이 말하는 정의로운 시스템 안에서 그들은 철저히 패배자였다. 시스템이 유지되는 한 그들에게 역전의 기회는 없다. 그렇다면 차라리 시스템 자체가 붕괴하는 편이 낫다고 생각하는 것이다. 이것을 사회학적으로 '가속주의적 욕망'이라고 부른다.

"윤석열이 독재를 하든 말든 상관없어. 꼴 보기 싫은 586 꼰대들, 페미니스트들, 강남 좌파들이 비명 지르는 꼴을 볼 수만 있다면 난 찬성이야."

그들이 윤 어게인을 외친 것은 윤석열을 존경해서가 아니다. 그가 들고나온 칼이 내가 증오하는 기득권의 심장을 찔러 주기를 바라는 대리 복수의 심리다. "내 밥그릇이 깨질 바에야 다 같이 밥상을 엎어버리자." 자포자기적 파괴 본능이 2024년 12월 3일 밤, 카광의 채팅창을 뜨겁게 달궜던 광기의 실체다.

혐오라는 이름의 부메랑

우리는 그동안 그들을 철없다고 무시했다. "공부하기 싫어서 징징댄다" "여자를 싫어하는 찌질이들"이라며 조롱했다. 진보는 그들의 목소리를 극우의 선동이라며 귀를 닫았고, 보수는 그들의 분노를 표팔이 수단으로만 이용하고 버렸다.

그 방치와 무시의 시간 동안 20대 남성의 분노는 숙성되고 변질되었다. 처음에는 "살려주세요"라는 구조 신호였던 외침이 이제는 "다 죽어버려"라는 저주로 바뀌었다.

2광장은 쪼개졌다. 촛불을 든 시민들은 민주주의를 지키기 위해 싸웠지만, 그들의 아들들은 방구석에서 민주주의가 불타는 모습을 팝콘을 씹으며 구경했다. 이 세대 간의 거대한 단절과 청년 세대를 지배하는 이 무시무시한 허무주의를 해결하지 못한다면, 탱크가 물러간 자리에는 더 끔찍한 괴물이 자라날 것이다.

그들은 이제 자신들의 분노가 세상을 멈출 수 있다는 것을 학습했다. 그리고 다음번에는 모니터 뒤에만 있지 않을지도 모른다. 조커가 가면을 쓰고 거리로 나왔을 때 고담 시가 어떻게 되었는지, 우리는 기억해야 한다.

데이터의 비밀

그들은 대학이 아니라 내무반에 있다

#18

2025년 데이터가 가리키는 파산 선고

2025년 12월, 한 해를 결산하는 연간 통합 여론조사 데이터가 발표되었을 때, 여의도 정가와 데이터 분석가들은 두 눈을 의심했다. 보고서 한구석에 찍힌 숫자가 너무나 비현실적이었기 때문이다. 22세 남성의 더불어민주당 지지율이 10%였다.

오차 범위를 고려하면 사실상 '한 자릿수'나 다름없는 수치였다. 동일 조사에서 40대 남성의 민주당 지지율이 45%를 상회하고, 심지어 보수의 텃밭이라 불리는 70대 이상 노년층에

서도 민주당에 대한 비토 정서(반대하는 여론)가 이 정도까지 극
단적이지는 않았다. 10%라는 숫자는 단순한 지지율 하락이
아니었다. 그것은 특정 정당에 대한, 아니 진보 진영 전체에
대한 정치적 파산 선고이자 절멸을 의미했다.

2025년 연간 통합 주요 정당 지지도

남성 연령	주요 정당지지도(%)				
	더불어민주당	국민의힘	조국혁신당	개혁신당	무당층
20세	16	26	4	8	45
21세	19	28	2	12	36
22세	10	28	0	16	43
23세	12	29	1	16	42
24세	18	35	0	8	36

출처: 한국갤럽조사연구소

　진보 지식인들과 민주당 전략가들은 당혹감에 휩싸였다. 그
들은 원인을 찾기 위해 대학가를 기웃거렸다. 문제 해결을 위
해 신촌과 안암의 캠퍼스에서 만난 남학생들에게 설문지를 돌
리고, 취업난과 등록금 문제를 분석했다. 하지만 그것은 번지
수를 완전히 잘못 짚은 헛발질이었다. 그들이 찾고 있는 대한

민국 22세 남성의 절대다수는 지금 낭만적인 캠퍼스에 있지 않다. 강의실에도, 도서관에도, 성수 연무장길 거리에도 없다.

그들은 머리를 짧게 깎고 스마트폰을 반납한 채 강원도 철원의 최전방 GP에, 경기도 연천의 포병 대대에, 그리고 계룡대의 행정실에 갇혀 있다. 대한민국 22세 남성의 주소지는 '군대'다. 따라서 10%라는 충격적인 데이터는 이렇게 다시 읽어야 한다. "지금 대한민국 국군 장병의 90%는 민주당을 혐오한다."

고립된 섬, 그리고 억울함이라는 화약고

군대라는 공간의 특수성을 이해하지 못하면 이 혐오의 메커니즘을 절대 풀 수 없다. 사회에서 20대 남성은 '개인'으로 존재한다. 싫은 사람은 안 보면 그만이고, 듣기 싫은 뉴스는 끄면 그만이다. 하지만 군대에 입대하는 순간 그들은 '집단'으로 강제 융합된다.

기상나팔 소리에 일어나 저녁 점호를 마치고 잠들 때까지, 그들은 24시간 도망칠 수 없는 폐쇄된 공간에서 먹고, 자고, 훈련받는다. 이곳을 지배하는 가장 원초적인 정서는 애국심이 아니다. 바로 박탈감과 억울함이다.

이 근원적인 억울함은 이미 누군가를 향한 분노로 치환될 준비가 되어 있는 거대한 화약고다. 과거에는 이 분노가 국방부나 간부들을 향했다. 하지만 지금 스마트폰을 쥔 병사들의 분노는 아주 구체적인 '정치적 타깃'을 향해 조준되고 있다.

그 타깃을 설정해 주는 것은 바로 그들이 유일하게 세상과 소통하는 창구, 스마트폰이다. 병사들은 사회적 혜택에서 배제된 자신들의 처지를 확인하며 밖에서 "군캉스"라고 조롱하는 목소리, "군 가산점은 특혜"라고 말하는 정치인들의 발언을 실시간으로 접한다. 그 순간 내무반의 공기는 차갑게 식는다. 그리고 그들의 억울함은 진보 세력에 대한 적개심으로 빠르게 전환된다.

24시간 가동되는 동조 압력 공장

군대가 대학이나 직장과 다른 가장 무서운 점은 강력한 '동조 압력'이다. 사회에서는 정치 성향이 달라도 '그냥 생각이 다른가 보다' 하고 넘어갈 수 있다. 하지만 군대 내무반은 다르다. 이곳은 또래 문화가 법보다 위에 있는 곳이다. 저녁 식사가 끝나고 개인 정비 시간, 침상에 누운 병사들은 일제히 스마트폰을 켠다. 이때 내무반의 여론을 주도하는 실세, 소위 에이스 상병이나 입담 좋은 군기 반장이 침묵을 깨고 한마디를 던진다.

"야, 이거 봤냐? 민주당 의원이 군인 월급 너무 많이 줘서 나라 망한다고 했단다. 진짜 미친 거 아님?"

이 한마디는 신호탄이다. 내무반에 있는 10명의 병사는 그 순간 하나의 생각으로 통일되어야 한다. 만약 거기서 "그래도 전체 맥락을 봐야지"라거나 "가짜뉴스 아니냐"고 반문하는 병사가 있다면 그는 그날부로 '관심 병사' '진지충' 혹은 '좌빨 스파이'로 낙인찍혀 은밀한 따돌림을 당하게 된다.

살아남기 위해서는 웃어야 한다. 선임이 낄낄거리며 보여주는 페미니스트 참교육 영상이나 문재인 정부 악마화, 이재명 정부 공산화 밈을 보며 함께 낄낄거려야만 정상적인 대한민국 남자로 인정받는다. 이 과정이 18개월 동안 매일 밤 반복된다. 처음에는 분위기 맞추려고 따라 웃던 이등병도 상병이 될 쯤에는 그 혐오 논리를 스스로 체화하게 된다.

제2의 정훈 교육, 북한보다 무서운 내부의 적

국방부는 매주 수요일 정신전력 교육 시간에 '우리의 주적은 북한'이라고 가르친다. 하지만 병사들은 그 시간에 존다. 그들에게 북한은 너무 멀고 추상적인 존재다. 하지만 일과가 끝난 후 스마트폰을 켰을 때 그들이 마주하는 '제2의 정훈 교육'은 너무나 생생하고 자극적이다. 인스타그램과 유튜브 알고리즘이 배달해 주는 콘텐츠들은 병사들에게 새로운 '주적'을 가르친다.

"너희가 이렇게 개고생하는데 꿀 빠는 애들이 누군지 알아?" "너희 월급 뺏어서 엉뚱한 데 쓰는 정치인이 누구게?"

그 디지털 교관이 지목하는 적은 북한군이 아니다. 바로 페

　　　　2부. 내 친구는 어쩌다 괴물이 되었나

미니스트, 다문화 무임승차자, 그리고 이들을 옹호하는 민주당 586 기득권이다. 이 적들은 멀리 있는 북한군보다 훨씬 더 가깝고 내 삶에 직접적인 피해를 주는 존재로 인식된다.

10%라는 지지율은 이 처절한 세뇌 과정의 성적표다. 민주당은 군대를 표가 있는 곳으로 보지 않았지만, 보수 유튜버들과 혐오 비즈니스 세력은 군대를 가장 효율적인 사상 주입의 훈련소로 활용했다. 고립된 섬, 억울한 영혼들, 그리고 또래 집단의 압력. 이 세 가지 요소가 결합하여 지금의 대한민국의 내무반은 '반민주당 전사'를 양성하는 거대한 인큐베이터가 되었다.

우리가 대학가에서 청년들의 마음을 돌리려 애쓰는 동안 진짜 청년들은 군대라는 벙커 안에서 이미 다른 세상의 논리로 무장하고 전역을 기다리고 있다. 그들이 사회로 쏟아져 나올 때 대한민국 정치가 마주하게 될 파도는 우리가 상상하는 것보다 훨씬 거대할 것이다.

인스타그램이 바꾼
협오의 공식

일베보다 힙하게

#19

일베는 틀딱 사이트다

취재 도중 만난 22세 예비역 병장 태민 씨에게 군대 내 우경화가 일베의 영향이 아닌지 묻자 그는 질색하며 손사래를 쳤다. "작가님, 요즘 친구들 사이에서 일베 한다고 하면 왕따 당합니다. 촌스럽고, 더럽고, 패배자 같잖아요. 그거 다 60대 할아버지들이나 하는 틀딱 사이트 취급받은 지 오랩니다."

이 증언은 매우 중요하다. 기성세대는 여전히 20대의 보수화를 '일베의 부활' 정도로 해석하려 하지만 그들은 이미 진화했다. 과거 2010년대 중반, 사이버지식정보방 구석에서 몰래 접속하던 일베는 죽었다. 대신 그 자리를 꿰찬 것은 전 세계에서 가장 트렌디하고 세련된 SNS, 바로 인스타그램이다.

이것이 1020 우경화의 핵심이다. 혐오가 음지에서 양지로 올라왔다. 과거의 혐오가 거칠고 불쾌한 배설물 같아서 숨겨야 하는 것이었다면, 지금 인스타그램의 혐오는 세련된 편집, 유머러스한 자막, 힙한 배경음악으로 포장되어 있어 남들에게 "야, 이거 봐라" 하고 공유할 수 있는 문화 콘텐츠가 되었다.

돋보기 탭의 알고리즘 독재, 중국인이 너희 밥그릇을 뺏는다

일과가 끝난 저녁 6시, 병사들은 식사를 마치고 생활관 침상에 눕는다. 그리고 약속이나 한 듯 스마트폰을 켜고 인스타그램 하단의 돋보기 탭을 누른다.

이 돋보기 탭은 알고리즘의 바다다. 갓 입대한 이등병의 화면에는 처음엔 화려한 걸그룹의 댄스 챌린지나 축구 영상이 뜬다. 하지만 그가 무심코 중국 관련 뉴스나 이슈 영상을 3초 이상 시청하는 순간, 알고리즘은 즉각적으로 반응한다. '이 사용자는 20대 남성이고, 중국에 대한 반감이 있다.' 그때부터 돋보기 탭은 릴스라는 강력한 무기로 도배된다.

"한국 대학생은 학자금 대출받는데, 중국 유학생은 전액 장학금 + 기숙사 공짜?" "건강보험료 300억 먹튀한 중국인 부부." "마라탕 가게에서 행패 부리는 중국인 대차게 쫓아낸 사장님."

이 숏폼 영상들의 특징은 맥락의 거세다. 복잡한 전후 사정이나 팩트체크는 15초 안에 담을 수 없다. 오직 자극적인 자막과 빠른 컷 편집, 그리고 도파민을 자극하는 '중국 욕하기'만 남는다. 병사들은 이 영상을 혼자 보지 않는다. 군대라는 집단성이 여기서 발휘된다.

"김 상병님. 이거 보십쇼. 민주당 놈들이 우리 세금 걷어서 짱깨들 건보료 대주고 있답니다." "야, 미친 거 아님? 진짜 나라가 중국 속국이네."

그 순간 출처 불명의 15초짜리 릴스 영상은 팩트체크를 거치지 않은 채 내무반 전체의 정치적 상식으로 굳어진다. 인스

     2부. 내 친구는 어쩌다 괴물이 되었나

타그램은 단순한 SNS가 아니다. 매일 밤 병사들의 뇌 속에 '중국 = 주적' '민주당 = 친중 매국노'라는 공식을 주입하는 가장 강력하고 매혹적인 정훈 장교다.

쿨찐 문화의 완성, 혐오가 아니라 팩트다

인스타그램 우파, 즉 '인스타 라이트'의 가장 큰 특징은 쿨찐 감성이다. 이들이 공유하는 정서적 코드는 정의가 아니라 쿨함이다. 이들의 세계관에서 "중국인 차별하지 말자" "다문화와 공존하자"고 말하는 것은 선비질이자 위선이다.

"깨어 있는 척하네. 조선족한테 칼 맞아야 정신 차리지." "너만 착한 척하지 마. 중국이 동북공정 하고 한복 뺏어가는데 공존?"

이들에게 도덕적 올바름을 이야기하는 것은 가장 촌스럽고, 현실을 모르는 바보 같은 태도다. 반대로 중국을 조롱하고 "노 차이나"를 외치는 것은 솔직하고 이성적이며 애국적인 태도로 추앙받는다.

"알빠노? 중국인이 욕먹든 말든 내 알 바 아니지." "누칼협? 누가 한국 와서 살라고 칼 들고 협박함?"

이 냉소적인 유행어들은 릴스라는 형식을 만나 날개를 달았다. 중국인을 비하하는 릴스에 '좋아요'를 누르는 것은 나쁜 짓이 아니다. 오히려 감정에 치우치지 않고 팩트를 직시하는 지성적인 행동으로 포장된다. 군대라는 척박한 환경에서 병사들은 이 '반중 정서'를 갑옷처럼 입고 자신들의 혐오를 정당화한다.

혐오의 민주화, 누구나 반중 전사가 된다

일베 시절에는 혐오 자료를 만드는 '네임드 유저'가 따로 있었다. 일반 유저는 소비자에 불과했다. 하지만 인스타그램 시대에는 누구나 스마트폰 하나로 혐오 콘텐츠의 생산자가 된다. 병사들은 휴가 때 나가서 찍은 사진이나, 인터넷에서 캡처한 중국 관련 뉴스 기사에 자신의 생각을 한 줄 적어 '인스타 스토리'에 올린다.

"짱깨들 때문에 미세먼지 쩔어서 휴가 망침 ㅗㅗ" "친중 민주당 뽑은 4050들 반성해라."

배경음악으로는 비트가 강한 힙합 곡을 깐다. 친구들은 거기에 '불 모양 이모티콘'이나 '박수 이모티콘'을 달아주며 호응한다. 혐오 발언이 친구들 사이에서 놀이가 되고 소통 수단이 되는 순간이다.

과거에는 숨어서 키보드를 두드리며 표출하던 혐오가 이제는 내 얼굴과 이름을 걸고 힙하게 전시하는 자기표현의 수단이 되었다. 이것이 22세 남성 지지율 10%라는 수치 뒤에 숨겨진 진짜 공포다. 그들은 중국인 혐오를 부끄러워하지 않는다. 오히려 그것을 '트렌드'이자 '깨어 있는 시민의 자세'라고 믿고 있다.

화면 밖으로 나온 괴물

짭코리아 투신 사건의 전말

#20

2025년 4월 23일 밤, 고양시 모 부대의 비극

'인스타에서 보고 배운 혐오가 현실에서 폭력이 된다.' 이 말이 과장처럼 들리는가? 그렇다면 2025년 4월 23일 밤, 경기도 고양시의 한 육군 부대 생활관 앞을 보라. 그날 밤, 입대한 지 고작 6개월 된 22세 김 일병은 생활관 2층 창문을 열고 차가운 시멘트 바닥으로 몸을 던졌다. 척추가 부러지는 중상을 입고 병원으로 실려 간 그가 죽음의 공포보다 더 견딜 수 없었던 것은 바로 전우들이 내뱉는 두 마디였다.

김 일병은 중국인 아버지와 탈북민 출신 어머니 사이에서 태어난 다문화가정 자녀였다. 하지만 그는 엄연히 대한민국 국적을 가진 국민이었고, 신성한 국방의 의무를 다하기 위해 입대했다. 그러나 내무반의 동료들에게 그는 전우가 아니었다. 척결해야 할 이물질이자 가짜 한국인이었다.

짭코리아, 온라인이 만든 살인 언어

김 일병은 한국어를 잘하지 못해 병사들 사이에서 따돌림을 당했고, 선임과 동기들에게 '짱개' '짭코리아' 등으로 불렸다. 특히 가해 병사들이 사용한 '짭코리아'라는 신조어에 주목해야 한다. 이것은 단순히 출신을 비하하는 말이 아니다. '너는 한국인 흉내를 내고 있지만, 사실은 우리의 혜택을 도둑질하러 온 가짜'라는 매우 정교하고 악의적인 온라인 혐오 논리가 압축된 단어다.

군 인권 센터와 수사 당국의 조사 결과, 김 일병은 입대 직후부터 지속적으로 언어폭력에 시달렸다. 선임들은 그가 한

국어 소통에 서툴거나 실수할 때마다 개인의 잘못이 아닌 '혈통'의 문제로 몰아갔다.

이 잔인한 언어들은 어디서 왔을까. 바로 20대 남성들이 즐겨 보는 인스타그램 릴스와 유튜브 쇼츠다. 그곳에는 "조선족이 건강보험료를 털어간다" "다문화 가정이 우리 일자리를 뺏는다"는 식의 혐오 콘텐츠가 '팩트'라는 이름으로 넘쳐난다. 병사들은 스마트폰으로 학습한 이 혐오의 논리를 내무반 옆자리의 김 일병에게 그대로 '실습'한 것이다.

가해자가 더 힘들다고 하던데

김 일병은 살기 위해 몸부림쳤다. 부대 간부들에게 수차례 고통을 호소하고 도움을 요청했다. 하지만 돌아온 대답은 절망적이었다.

"야, 그 정도로 무슨 처벌을 하냐." "가해자 애한테 물어보니까 걔가 너 때문에 더 힘들다더라."

간부들조차 이 문제를 심각한 인권 침해로 보지 않았다. 그들 역시 '다문화 병사들이 군대 분위기를 흐린다'는 은밀한 편견에 동조하고 있었거나, 혹은 "요즘 애들끼리 장난 좀 친 거 가지고 유난 떤다"며 방관했다. 그 방관 속에서 김 일병은 일기장에 이렇게 적었다. "도무지 벗어날 방법이 없다. 숨을 쉴 수가 없다." 그리고 그날 밤, 그는 2층 창문 밖으로 몸을 던졌다.

10%, 괴물의 탄생

김 일병을 2층에서 밀어버린 것은 누구인가. 등을 떠민 것은 가해 병사들이지만, 그 병사들의 뇌 속에 '쟤는 짭코리아니까 괴롭혀도 돼'라는 명분을 심어준 것은 인스타그램 알고리즘이다. 그리고 그 알고리즘을 방치하고 혐오를 '공정'이라고 포장해 온 것은 우리 사회다.

가해자들은 아마 자신의 행동이 끔찍한 범죄라는 사실조차 제대로 인지하지 못했을 것이다. 매일같이 스마트폰 화면을 채우는 조롱과 혐오의 밈들을 보며, "다들 중국인을 혐오하는데, 왜 나한테만 그러느냐"며 도리어 억울해했을지도 모른다. 죄의식마저 마비시켜 버리는 것, 그것이 알고리즘이 만든 진짜 괴물의 모습이다.

전역증과 함께
사회로 쏟아지는
괴물들

극우 훈련소, 대한민국 군대

#21

위병소를 나서는 그들은 입대 전과 다르다

매일 아침 전국의 부대 위병소에서는 전역자들이 쏟아져 나온다. 그들은 "충성! 전역을 명 받았습니다" 경례를 붙이고, 동기들과 헹가래를 치며 환호한다. 부모님은 "우리 아들 고생했다. 이제 진짜 어른이 다 됐네" 하며 눈시울을 붉힌다.

하지만 사회는 모른다. 그 18개월이라는 시간 동안, 그 '착한 아들'의 머릿속 소프트웨어가 어떻게 업데이트 되었는지. 입대 전의 그들은 그저 막연하게 취업을 걱정하고, 친구들과

롤을 즐기던 평범한 청년들이었다. 하지만 전역증을 쥐고 나오는 지금, 그들은 완전히 다른 존재가 되었다.

그들은 군대라는 폐쇄적 공간에서 박탈감을 뼈저리게 학습했고, 인스타그램 알고리즘을 통해 그 박탈감의 원인을 내부의 적에게 돌리는 법을 훈련받았다. 그리고 '짭코리아' 사건으로 보았듯, 혐오를 실천해도 아무런 처벌을 받지 않고 오히려 무리에 안전하게 속할 수 있다는 방조의 효능감까지 맛보았다. 총기 사용법을 익힌 것보다 더 무서운 것은, 바로 이 혐오의 조준경을 장착하고 사회로 복귀한다는 사실이다.

대학 강의실과 직장이 '제2의 내무반'이 된다

복학한 그들이 돌아온 대학 캠퍼스는 더 이상 지성의 전당이 아니다. 그들에게는 점령해야 할 또 다른 전장이다. 대학생 커뮤니티 앱 '에브리타임'을 보라. 그곳은 이미 군대 내무반의 연장선이다.

"중국 유학생들 때문에 조별 과제 망했다. 짱깨들 다 추방해야 한다." "총여학생회? 뷔페미니즘 OUT."

과거에는 이런 글이 올라오면 자정 작용이 일어났다. 하지만 지금은 다르다. 군대에서 다져진 쿨찐 감성과 '팩트' 논리로 무장한 예비역들이 댓글 창을 장악한다. 반대 의견을 내는 사람은 "너 페미냐?" "조선족이냐?"라는 낙인과 함께 순식간에 매장당한다.

이들은 오프라인 강의실에서도 교수에게 따져 묻는다. "교수님, 왜 다문화 옹호만 하십니까? 자국민 역차별은 안 보입니까?" 그들의 질문은 토론을 위한 것이 아니다. 상대를 조롱하고 입을 다물게 하기 위한 공격이다. 군대에서 짬코리아 후임을 괴롭히며 맛본 권력을, 이제는 사회적 약자와 진보적 목소리를 향해 휘두르는 것이다.

콘크리트 우파의 탄생

정치권 일각에서는 낙관론을 편다. "20대 때는 다들 보수적이다가도 나이 들고 취직하고 결혼하면 바뀐다." 천만의 말씀이다. 지금의 22세 남성들이 보여주는 10%라는 민주당 지지율은 일시적인 경제적 불만 때문이 아니다. 이것은 정체성의 문제다.

　　　　　　　　　　2부. 내 친구는 어쩌다 괴물이 되었나

그들은 자신의 20대 초반, 가장 빛나는 청춘을 국가에 의해 착취당했다고 믿는다. 그리고 그 착취를 방관하거나 조롱했다고 여겨지는 세력(민주당, 진보 진영)을 뼛속 깊이 증오한다. 이 증오의 정서는 나이가 든다고, 연봉이 오른다고 사라지지 않는다. 오히려 세월이 흐를수록 더 단단한 '신념'으로 굳어질 것이다.

우리는 지금 대한민국 역사상 가장 강력하고, 가장 공격적이며 타협을 모르는 새로운 '콘크리트 우파' 세대가 탄생하는 과정을 목격하고 있다. 이들은 10년 뒤 30대 과장이 되고, 20년 뒤 40대 팀장이 되어서도 여전히 스마트폰으로 혐오 영상을 공유하며 "민주당은 척결 대상"이라고 외칠 것이다.

괴물을 키우는
인큐베이터의 코드를
뽑아라

냉소와 혐오의 알고리즘

2부를 시작하며 우리는 성수동 카페에서 '멀끔한' 내 친구를
만났다. 그러나 스마트폰 화면이 켜지는 순간 그는 '쿨찐'의
가면을 쓰고 혐오를 '힙'한 놀이로 즐기는 사냥꾼으로 돌변했다.
그들이 쓰레기통에서 주워 담은 냉소와 혐오의 언어는
알고리즘이라는 확성기를 타고 걷잡을 수 없이 증폭되었다.
그리고 그 종착지에는 '군대'가 있었다. 김 일병이 투신했던 그
내무반의 창문은 아직 닫히지 않았다. 아니, 그 창문은 이제 대학
강의실과 회사의 사무실을 향해 활짝 열려 있다. 우리가 "요즘
애들 군대 편해졌다" "스마트폰 쓰게 해주니 빠졌다"며 혀를 차고
무심하게 넘기는 사이, 군대는 거대한 혐오의 인큐베이터가 되어

준비된 디지털 전사들을 1년에 20만 명씩 사회로 쏟아내고 있다.

이 문제는 단순히 병사들의 스마트폰 사용 시간을 줄인다고

해결될 일이 아니다. 그들이 군대에서 학습한 박탈감과 억울함의

뿌리를 해결하지 않는 한, 그리고 온라인에 만연한 '반중, 반페미

혐오 비즈니스'를 규제하지 않는 한, 제2의 짭코리아 사건은

대학에서, 직장에서, 그리고 지하철에서 언제든 반복될 것이다.

10%. 이 숫자는 단순히 22세 남성의 민주당 지지율이 아니다.

우리 사회가 감당할 수 있는 '붕괴의 임계점'을 경고하는 수치다.

지금 당장 군대라는 인큐베이터의 코드를 뽑지 않는다면,

머지않아 우리는 괴물들에게 점령당한 광장에서 뒤늦은 피눈물을

흘리게 될지도 모른다. 전역증은 조국을 지켰다는 명예로운

훈장이 되어야지, 사회에 나가 약자를 공격해도 된다는 '혐오

면허증'으로 변질되어서는 안 된다.

Chapter 3

알고리즘이
당신의 뇌를
지배한다

학교 선생님들은 전교조라서
거짓말을 하는 거고,
유튜브에 나오는 목사님 말씀이
진짜 팩트구나.
이승만 건국 대통령의 정신을
회복하자.

페미니즘은
여성에게 거짓말을 했다.
커리어 우먼이 되는 것은
행복이 아니다. 전통적인 가정,
전통적인 아내로 돌아가는 것이
신의 뜻이다.

사회에서 남들과 경쟁하며 돈 버는
'걸크러시'는 피곤하고 불행한 삶이다.
믿음의 가정을 꾸리고 남편을 내조하며
거룩한 다음 세대를 길러내는 것이야말로
여성이 누릴 수 있는 최고의 특권이다.

(단독) 야당 지도부,
평양 지령 받았다...
탄핵 후 '연방제 통일'
시나리오 입수

대통령님은 지금
너무나 잘하고 계십니다!
다만 언론이 좌파에 장악돼서
가짜뉴스를 퍼뜨리는 겁니다!
지금 지지율이 낮은 건
여론조사 기관의 조작 때문입니다!
실제 민심은 60%가 넘습니다!

와, 헬기 뜨는 거 실화냐?
맵 구현 지리네.
특전사 형들 장비 봐라. 저거
배그 3레벨 헬멧 아니냐?
간지 난다. 국회 유리창 깨는
타격감 미쳤다. 국회의원들
쫄아서 도망가는 거 봐 ㅋㅋ

"저는 찬양만 들었는데요?"

국민일보 실험의 재구성

#22

16세 수아의 유튜브,
순수함이 오염되는 72시간

기독교계 정론지인 《국민일보》는 2025년 매우 흥미롭고도 섬뜩한 실험을 진행했다. 기사 제목은 「신앙 콘텐츠만 챙겨봤는데… 어? 극우 채널이 뜨네」로 '유튜브 알고리즘이 기독교인을 어디로 데려가는가'에 대한 추적 실험이었다.

이 실험을 16세 여학생 '수아'의 가상 계정으로 재구성해 보았다. 수아는 모태신앙으로, 교회 중고등부에서 반주를 맡고 있는 독실하고 평범한 여고생이다. 정치에는 관심이 없고 오직 신앙과 학업 고민뿐이다.

실험 1일 차 | 평화로운 시작

수아는 구글 계정을 만들고 유튜브에 접속했다. 검색창에 '마커스 워십' '제이어스' '위러브' 같은 유명 CCM 찬양 팀을 검색했다. 「주님의 사랑」 「사랑은 여기 있으니」 「다시 일어나」. 화면은 은혜롭고 따뜻한 영상들로 채워졌다. 수아는 몇 개의 찬양 영상을 끝까지 시청하고 '좋아요'를 눌렀다. 여기까지는 아무런 문제가 없었다.

실험 2일 차 | 미묘한 균열

알고리즘이 움직이기 시작했다. 찬양 영상 바로 밑에 「동성애의 실체」 「차별금지법이 통과되면 벌어지는 일」 같은 제목이 뜨기 시작했다. 제목은 자극적이지만 채널명은 《×× 목사 TV》 《×× 선교회》 등 기독교 관련 채널이다. 수아는 '교회에서 동성애는 죄라고 배웠으니까' 하는 생각에 거부감 없이 해당 영상을 클릭했다. 영상 속 목사님은 성경 구절을 인용하며 "차별금지법은 교회를 파괴하려는 사탄의 전략"이라고 설교했다. 수아는 고개를 끄덕이며 시청했다. 이때부터 알고리즘은 수아를 '보수 성향의 종교인'으로 분류했다.

 험오의 급발진

이제 찬양 영상은 사라졌다. 수아의 피드는 「이승만 건국 대통령의 비밀」「좌파가 교과서를 조작했다」「5.18과 북한군 개입설」 같은 극우 정치 유튜버들의 영상으로 도배되었다. 더 이상 성경 말씀은 없었다. 대신 '빨갱이 척결' '사기 탄핵' '부정 선거' 같은 정치적 구호가 '하나님의 정의'라는 포장지를 쓰고 쏟아졌다.

단 3일, 72시간 만에 순수하게 찬양을 듣고 싶었던 16세 소녀의 유튜브는 극우 노인들의 태극기 집회 현장과 똑같은 풍경으로 변해버렸다.

기독교 세계관이라는 이름의 트로이 목마

이 알고리즘의 연결고리에는 '기독교 세계관'이라는 키워드가 존재한다. 극우 개신교 세력은 자신들의 정치적 주장을 단순히 '정치'라고 부르지 않는다. 그것을 '신앙'의 영역으로 끌어들인다.

동성애 반대 = 하나님의 창조 질서 수호

좌파 정권 비판 = 공산주의(무신론)로부터 교회 수호

이승만 찬양 = 기독교입국론(기독교로 나라를 세움) 계승

이 논리 구조 안에서 정치적 혐오는 곧 '영적 전쟁'이 된다. 청소년 사역 단체나 대안학교는 아이들에게 "세상을 성경적 관점으로 봐야 한다"고 가르친다. 그 말 자체를 틀렸다고 할 수는 없다. 하지만 그들이 주입하는 '성경적 관점'의 실체는 극도로 편향된 뉴라이트 역사관과 약자 혐오 논리다. 아이들은 교회 선생님과 목사님이 말씀하시는 게 틀렸을 리가 없다고 믿는다.

그렇게 아이들의 머릿속에서 신앙과 극우 정치는 한 몸이 되어버린다. 이것은 악성 코드가 심어진 트로이 목마와 같다. '구원'이라는 선물을 받으려 성문을 열었더니, 그 안에서 '혐오'라는 칼을 든 병사들이 튀어나오는 격이다.

부모가 열어준 대문, 홈 스쿨링과 대안학교

앞서 다룬 일베나 디시인사이드가 아이들이 부모 몰래 접속하는 '뒷문'이라면, 교회발 극우화는 부모가 직접 활짝 열어주는 '대문'이다. 공교육을 불신하는 보수 기독교 부모들은 자녀를 일반 학교 대신 홈 스쿨링을 하거나 기독교 대안학교에 보낸다. 이곳의 커리큘럼은 철저하게 폐쇄적이다. 교과서 대신 뉴라이트 계열 학자들이 쓴 교재를 사용하고, 매주 채플 시간에는 극우 성향 강사들이 와서 특강을 한다.

이곳에서 자라난 아이들은 10대 남성 '인스타 우파'와는 결이 다르다. 인스타 우파가 재미와 냉소를 추구한다면, 이들은 비장함과 사명감으로 무장되어 있다. 그들은 자신이 대한민국을 좌파, 동성애, 이슬람 등 '악의 세력'으로부터 구원할 '선택받은 용사'라고 믿는다. 그래서 그들의 눈빛은 흔들리지 않는다. 확신에 차 있다.

십자가를 든 소녀들, 혐오의 최전선에 서다

이 과정에는 10대 여성들도 예외가 아니다. 오히려 교회 내에서 성실하고 순종적인 여학생일수록 이 알고리즘에 더 쉽게 포획된다. 그동안 '이대남' 담론에 가려져 있었지만 지금 교회 안에서는 수많은 '수아'가 자라나고 있다.

그들은 페미니즘을 '가정을 파괴하고 남성을 혐오하는 사탄의 사상'이라고 배운다. 그래서 또래 10대 여학생들이 페미니즘 이슈에 민감할 때 이들은 '반페미니즘 전사'를 자처한다.

"여성의 인권은 페미니즘이 아니라, 성경적 질서 안에서 존중받는 거야."

《국민일보》의 실험이 보여준 결과는 명확하다. 유튜브는 기독교 콘텐츠를 시청하는 아이들을 가장 극단적인 정치의 늪으로 안내하는 가이드다. 그리고 일부 교회는 그 늪을 '생명의 샘'이라고 가르친다. 찬양을 흥얼거리던 수아는 이제 이어폰을 끼고 부정 선거의 증거를 설명하는 영상을 보며 등교한다. 그녀의 가방에는 성경책과 함께, 세상을 향한 적개심이 담긴 전도지가 들어 있다.

코엑스를 채운
영어 연설

빌드업 코리아의 엘리트 카르텔

23

태극기 부대가 아니다, 테드다

2024년 8월 서울 강남의 심장부 코엑스 오디토리움, 이곳에 수천 명의 10대와 20대 청년들이 운집했다. 행사의 이름은 '빌드업 코리아'로 현장의 풍경은 우리가 흔히 상상하는 태극기 집회와는 차원이 달랐다. 낡은 군복이나 고함은 없었다. 대신 세련된 조명, 대형 LED 스크린, 힙한 배경음악이 흘러나왔다. 무대에 선 연사들은 유창한 영어를 구사했고 청중들은 통역을 확인하며 고개를 끄덕였다.

도널드 트럼프가 미국 대선 후보였던 2024년에는 그의 아들 '도널드 트럼프 주니어'가 스페셜 게스트로 참여했으며, 2025년에는 MAGA 운동의 주역 '찰리 커크'가 스페셜 게스트로 참여했다. 마치 글로벌 지식 포럼이나 테드(TED) 강연장을 방불케 하는 이 화려한 무대에서 오가는 내용은 충격적이었다.

스페셜 게스트로 참여한 찰리 커크

"이승만 건국 대통령의 정신을 회복하자." "기독교 세계관으로 좌파 문화를 정복하자."

그들은 가장 낡고 극우적인 이념을 가장 세련되고 현대적인 강남 스타일로 포장해 판다. 이것이 바로 빌드업 코리아가 보여준 2025년형 청년 우파의 실체다.

에스더의 현신

이 거대한 행사를 주도하는 인물은 60대 목사가 아니다. 젊은 30대 여성 대표 김민아다. 독실한 개신교인이자 유창한 영어 실력을 갖춘 그녀는 앞서 언급한 '에스더'이자 엘리트 우파의 상징과도 같은 존재다. 그녀는 무대 위에서 영어로 연설하며 10대들에게 이렇게 호소한다.

"We must fight for truth(우리는 진실을 위해 싸워야 합니다)."

김민아 대표의 존재는 그 자체로 강력한 메시지다. '우파는 꼰대, 늙은 남자들의 전유물'이라는 고정관념을 단번에 깨부순다. 그녀를 바라보는 여학생들에게 김민아는 롤모델이다. 신앙심 깊고, 똑똑하고, 당당하게 자신의 목소리를 내는 '글로벌 리더'다. 소녀들은 김민아처럼 되고 싶어서 그녀가 설파하는 이승만 찬양과 반공 이데올로기까지 맹목적으로 흡수한다.

왜 그들은 영어로 혐오를 말하는가

빌드업 코리아의 가장 기이한 특징은 행사의 주요 순서가 영어로 진행된다는 점이다. 한국 땅에서 한국 정치를 논하는데 왜 굳이 영어를 쓸까? 여기에는 치밀한 '엘리트 전략'이 숨어있다. 강남의 보수 기독교 부모들에게 이 행사는 정치 집회가 아니라 자녀를 위한 고품격 영어 컨퍼런스로 포장된다.

"엄마, 나 빌드업 코리아 갈래. 거기서 영어로 강연 듣고 글로벌 마인드 배울 거야."

아이들에게도 영어는 '구별짓기'의 수단이다.

"우리는 광화문에서 소주 마시며 욕하는 늙은 우파와 달라. 우리는 영어를 쓰고, 국제 정세를 논하는 지성적인 글로벌 우파야."

그들은 영어를 사용함으로써 차별금지법 반대, 5.18 폄훼 등 자신들의 혐오 논리를 글로벌 스탠다드인 것처럼 위장한다. 혐오가 유창한 영어 억양을 입는 순간, 그것은 편협한 주장이 아니라 선진적인 가치관으로 둔갑한다.

자본이 보증하는 힙한 우파

이 행사가 단순한 그들만의 리그가 아님을 증명하는 결정적인 장면이 있다. 행사장 로비 한편에 마련된 스타벅스 커피 부스, 그리고 대형 스크린에 등장한 신세계 정용진 회장의 축사 영상이다.

정용진 회장이 누구인가. SNS에서 '멸공' 챌린지를 주도하며 20대 남성들의 열렬한 지지를 받는 우파 아이콘이다. 그가 영상에 등장해 "청년 여러분이 대한민국의 미래"라며 빌드업 코리아를 축복하자 객석에서는 아이돌 콘서트를 방불케 하는 환호성이 터져 나온다.

로비에 차려진 스타벅스 부스는 상징적이다. 스타벅스는 도시적이고 세련된 문화의 상징이다. 그런 스타벅스가 극우 행사를 지원한다는 것은 아이들에게 강력한 보증수표를 쥐여 주는 것과 같다.

"우리가 하는 활동은 사회적으로 인정받는, 아주 힙하고 멋진 일이야." "와, 스타벅스가 우리 행사 지원해 준대!" "역시 용진이 형은 우리 편이야."

거대 자본은 이렇게 10대들의 극우화를 후원으로 승인한다. 이승만의 사진 옆에 놓인 스타벅스 커피, 이 기묘한 부조화야말로 대한민국 보수 세력이 꿈꾸는 '세련된 파시즘'의 완성형이다.

정용진 회장과 빌드업 코리아의 연결고리는 또 있다. 올해 행사장에 부스를 설치한 업체 '에브리라이프'다. 행사 현장에서는 중간 쉬는 시간에 무대 스크린에서 이 업체의 광고 영상이 상영되기도 했다. 에브리라이프는 기독교 가치에 기반해 출산 장려 캠페인을 벌이는 미국의 고급 기저귀 브랜드다. 이 회사는 미국의 온라인 쇼핑몰 퍼블릭스퀘어의 자회사이며, 트럼프 주니어가 파트너로 재직하는 벤처투자사 '1789 캐피털'이 투자한 회사이기도 하다. 트럼프 주니어는 지난해 12월 퍼블릭스퀘어 모회사 이사회에 합류했다. 트럼프 주니어와 정용진 회장은 개인적 친분이 두터운 사이로 알려져 있다.

에브리라이프는 올해 6월 에브리라이프 코리아를 론칭하고 한국 및 아시아 시장 공략에 나섰다. 빌드업 코리아의 대표 김민아가 에브리라이프 코리아의 대표를 겸하고 있다. 에

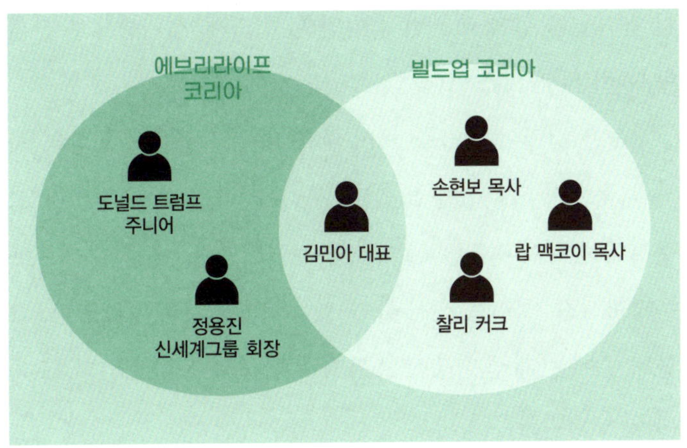

브리라이프가 한국에 진출하면서 첫 팝업스토어를 연 곳은 신세계백화점 강남점이었다. 현재는 신세계그룹의 온라인 쇼핑몰 쓱닷컴(SSG.COM)에서 에브리라이프 제품을 단독 판매 중이다.

미래의 지배 계급을 양성하는 인큐베이터

빌드업 코리아에 모인 수천 명의 아이들을 보라. 그들은 단순히 거리 시위에 동원되는 '알바'가 아니다. 영어에 능통하고, 기독교 세계관으로 무장했으며, 대기업 회장의 지지를 받는 이 아이들은 장차 대한민국의 언론, 법조계, 정치권으로 진출할 '예비 지배 계급'이다.

그들은 김민아 대표를 보며 꿈을 키우고 정용진 회장의 축사를 들으며 자부심을 느낀다. 우리가 "요즘 애들 철없다"고 무시하는 사이 강남의 코엑스에서는 대한민국을 영구적으로 우경화시킬 '엘리트 전사'들이 조직적으로 길러지고 있다. 그들의 손에는 태극기 대신 스타벅스 텀블러가 들려 있다. 그래서 더 위험하다.

"나는 페미니즘이 싫어요"

찰리 커크를 배우는 소녀들

#24

태평양을 건너온 마가(MAGA)의 복음

최근 한국의 보수 교회 청년부에서 가장 핫한 인물은 누구일까? 빌드업 코리아의 스페셜 게스트, 행사 5일 뒤 총을 맞아 암살당하며 이제는 고인이 된 미국의 30대 청년 정치 운동가, 트럼프의 열렬한 지지자이자 미국 대학 내 보수 우파 운동 단체인 '터닝포인트 USA'의 설립자 찰리 커크다. 그는 유튜브와 틱톡을 통해 이렇게 설파했다.

"페미니즘은 여성에게 거짓말을 했다. 커리어우먼이 되는 것은 행복이 아니다. 전통적인 가정, 전통적인 아내로 돌아가는 것이 신의 뜻이다."

이 미국발 '마가 기독교'의 논리는 번역되어 한국 교회 안으로 직수입되었다. 한국의 극우 청년 단체들은 찰리 커크의 강연에 자막을 붙여 퍼 나르고, 그의 전략을 모방해 대학 캠퍼스에서 '반페미니즘' '반PC' 운동을 전개한다. 소녀들은 교회 수련회에서 성경 대신 찰리 커크의 영상을 보며 고개를 끄덕인다.

"아, 미국 언니 오빠들도 저렇게 생각하는구나. 페미니즘을 싫어하는 내가 이상한 게 아니구나."

트레드와이프 판타지의 한국적 변용

이 흐름을 타고 최근 서구권 틱톡과 인스타그램에서 유행하는 '트레드와이프(Tradwife)' 트렌드가 알고리즘을 타고 한국 보수 교회 소녀들의 피드에도 스며들기 시작했다. 트레드와이프는 전통적인(Traditional)과 아내(wife)의 합성어로, 집안일에 헌신하는 보수적 성 역할을 강조하는 용어다. 인스타그램에는 '#현모양처' '#가정' 같은 해시태그와 함께 젊은 여성들이 앞치마를 두르고 빵을 굽거나 자녀를 홈 스쿨링 하는 감성적인 사진들이 올라온다. 이것은 촌스러운 현모양처 강요가 아니다. 찰리 커크와 미국 보수 유튜버들이 세련된 필터로 포장해 낸 거룩하고 힙한 라이프스타일이다. 교회와 대안학교는 소녀들에게 이렇게 가르친다.

"사회에서 남들과 경쟁하며 돈 버는 '걸크러시'는 피곤하고 불행한 삶이다. 믿음의 가정을 꾸리고 남편을 내조하며 거룩한 다음 세대를 길러내는 것이야말로 여성이 누릴 수 있는 최고의 특권이다."

치열한 무한 경쟁에 지친 1020 여성들에게 이 가부장적 판타지는 역설적으로 마음 편한 안식처이자 보호받을 권리로 소비된다. 페미니즘이 싸우라고 말할 때, 마가 기독교는 "순종하고 보호 받으라"고 유혹한다.

차별금지법 막는 에스더가 되자

하지만 이 소녀들이 집에서 얌전히 빵만 굽는 것은 아니다. 찰리 커크가 "문화를 전쟁터로 만들라"고 주문했듯, 그녀들은 교회가 위기에 처하면 누구보다 호전적인 '에스더 전사'로 돌변한다. 성경 속 인물 에스더는 왕후의 신분으로 "죽으면 죽으리라" 하는 각오로 왕 앞에 나가 민족을 구한 여성이다. 한국의 극우 목사들은 이 1020 여성들에게 "너희가 이 시대의 에스더가 되어 가정을 지켜야 한다"고 부추긴다. 무엇으로부터? 바로 '페미니즘'과 '동성애'로부터다.

> "차별금지법이 통과되면 너희가 나중에 낳을 아이들이 학교에서 동성애를 강제로 배워야 한다." "페미니스트들이 낙태를 합법화해서 태아를 죽이고 있다."

이 공포 마케팅은 모성애 본능과 결합하여 폭발적인 에너지를 만들어낸다. 국회 앞 반대 집회에서 마이크를 잡고 가장 격렬하게 이야기하고, 삭발 투쟁을 하며 눈물을 흘리는 이들의 상당수는 20대 여성 신도들이다. 그녀들은 자신이 '가부장제의 피해자'가 아니라 가정을 파괴하려는 사탄의 세력에 맞서는 영웅이라고 믿는다.

자신이 딛고 선 땅을 부수는 아이러니

여기에는 비극적인 아이러니가 존재한다. 이 1020 여성들은 자신의 인권을 제약할 수도 있는 가부장적 질서와 극우 정치를 목숨 걸고 수호하고 있다. 그들은 여성가족부 폐지를 찬성하고, "구조적 성차별은 없다"는 이준석 류의 정치인에게 환호한다. 그것이 좌파 페미니즘을 이기는 길이라고 믿기 때문이다. 자신이 누리고 있는 투표권, 교육권, 사회 진출의 기회가 선배 여성들이 페미니즘 운동을 통해 쟁취한 것임을 그들은 부정한다. 대신 그 모든 것이 '기독교 문명'의 혜택이라고 배운다.

교회 오빠, 목사님, 그리고 미국에서 건너온 찰리 커크의 영상 속 칭찬에 취해 소녀들은 십자가를 들고 거리로 나선다. 자신들을 보호해 줄 사회적 안전망을 스스로 끊어낸다. 그렇게 한국 교회는 미국의 마가 세력을 흉내 내며, 순수한 열정을 가진 소녀들을 가장 강력한 '가부장제의 수호대'로 길러내고 있다.

혐오는 어떻게
성전이 되었나

타협 없는 확신범들의 탄생

#25

재미가 아니라 소명이다

앞선 챕터에서 다룬 '일베'나 '디시인사이드'의 유저들은 혐오를 놀이로 소비했다. 그들에게 혐오는 심심함을 달래주는 자극제이자 낄낄거리기 위한 도구였다. 그래서 그들은 현실에서는 일코(일반인 코스프레)를 하며 숨었다. 부끄러움은 알았기 때문이다.

하지만 우리가 살펴본 '빌드업 코리아'의 아이들과 '에스더'가 된 소녀들은 다르다. 그들은 숨지 않는다. 오히려 자신의 얼굴과 이름을 당당히 드러내고, 마이크를 잡고, 영어로 연설한다. 왜냐하면 그들에게 혐오는 놀이가 아니라 신이 부여한 거룩한 '소명'이기 때문이다.

종교적 확신은 죄책감을 마비시킨다. 그들은 자신이 누군가를 차별하고 배제하고 있다는 사실에 고통스러워하지 않는다. 오히려 '핍박받는 순교자'의 희열을 느낀다. 재미로 돌을 던지는 사람은 지치면 그만두지만, 신의 뜻이라 믿고 돌을 던지는 사람은 지치지 않는다. 이것이 새로운 10대 우파들이 무서운 진짜 이유다.

악마와는 협상하지 않는다

민주주의의 기본 원리는 타협과 공존이다. 나와 생각이 다른 상대를 '경쟁자'로 인정할 때 정치가 작동한다. 하지만 정치가 종교화되는 순간 상대방은 경쟁자가 아니라 '악'이나 '사탄'으로 규정된다. 교회에서 뉴라이트 사관을 배운 아이들에게 민주당 지지자나 페미니스트는 대화와 타협의 대상이 아니다. 박멸하고 축사해야 할 대상이다.

이들에게 "다름을 인정하자"는 말은 통하지 않는다. 그것은 신앙의 타락이기 때문이다. 그래서 이들은 국회에서, 토론장에서, SNS에서 가장 극단적이고 공격적인 언어를 사용한다. 타협 없는 정치는 상대를 죽여야 끝나는 전쟁이다. 이들이 꿈꾸는 대한민국은 민주공화국이 아니라 이교도를 처단하는 '십자군 국가'에 가깝다.

무너지지 않는 우파의 성벽

우리는 그동안 보수 세력을 '시골에 사는 저학력 노인층'이라고 얕잡아 봤다. 시간이 지나면 자연스럽게 소멸할 것이라고 낙관했다. 하지만 빌드업 코리아와 김민아 대표 그리고 스타벅스의 조합은 그 낙관론을 산산이 부순다.

지금 자라나는 이 10대 우파들은 강남의 부, 미국식 엘리트 교육 그리고 대형 교회의 조직력이라는 삼박자를 완벽하게 갖추고 있다. 그들은 태극기 집회의 노인들처럼 촌스럽지 않다. 세련된 영어를 구사하고, 스타벅스 커피를 마시며, 글로벌 이슈를 논한다.

이들은 장차 명문대에 진학하고 유학을 다녀와서 대한민국의 판사, 검사, 기자, 정치인이 될 것이다. 그때가 되면 우리는 "라떼는 말이야"를 외치는 꼰대 보수가 아니라 영어로 말하며 차별금지법을 폐기하는 젊고 유능한 엘리트 보수를 상대해야 한다. 이 성벽은 돈과 신앙으로 축조되어 있기 때문에, 우리가 알던 방식으로는 쉽게 무너뜨릴 수 없다.

혐오의 바벨탑 앞에서

《국민일보》의 실험 속 수아는 찬양을 듣다가 3일 만에 태극기 부대가 되었다. 김민아 대표를 동경하는 소녀들은 페미니즘을 버리고 가부장제의 수호자가 되었다. 그리고 정용진 회장은 그들에게 '너희가 미래'라며 박수를 보냈다.

이 거대한 혐오의 카르텔 앞에서 종교의 자유라는 말은 얼마나 무기력한가. 교회가 사랑 대신 혐오를 가르치고, 그 가르침을 받은 아이들이 광장으로 쏟아져 나온다. 지금 우리는 단순한 세대 갈등을 겪고 있는 것이 아니다. 혐오를 성전으로 믿는 확신범들이 대한민국의 미래 권력으로 부상하는 역사적인 장면을 목격하고 있는 것이다.

기도하던 손으로 혐오의 칼을 쥔 아이들의 칼끝이 향하는 곳은 명확하다. 바로 우리 사회의 가장 약한 고리들이다. 그리고 그 칼춤은 멈추지 않을 것이다. 그들에게는 그것이 구원이기 때문이다.

용산의 알고리즘

보고서 대신 유튜브를 믿는 대통령

26

보고서를 밀어버린 스마트폰

대한민국의 권력 서열 1위는 대통령이다. 그렇다면 윤석열 정부의 권력 서열 0위는 누구였을까? 항간에는 김건희 여사라고도 하고 '천공'이라는 도사라고도 한다. 하지만 지금의 시점에서 냉정하게 분석하건대, 진짜 권력 서열 0위는 윤석열의 스마트폰 속에 사는 극우 유튜버들이었다. 취임 초부터 여의도 정가와 용산 주변에는 당시 대통령에 대한 흉흉한 소문이 돌았다. 참모들이 밤새워 작성한 수백 페이지짜리 정보 보고

서는 읽지 않고, 식사 자리나 술자리에서 스마트폰을 꺼내 특
정 유튜버들의 영상을 보여주며 호통을 친다는 소문이었다.

처음에는 설마 했다. 국정원, 군, 경찰 등 국가의 정보기관
이 생산하는 최고급 기밀 정보를 손에 쥔 통치권자가 방구석
에서 썸네일로 장사하는 유튜버의 말을 믿을 리 없다고 생각
했다. 그것은 국가 시스템에 대한 모독이나 다름없었기 때문
이다.

하지만 그 '설마'는 곧 서늘한 팩트로 드러났다. 명절 때 대
통령 명의의 선물이 유명 극우 유튜버들에게 배달된 사실이
언론에 포착되었고, 공식 석상이나 국무회의에서 윤석열이
뱉어내는 단어들은 정제된 행정 언어가 아니었다.

'반국가 세력' '공산 전체주의' '이권 카르텔' '패륜 집단'

그것은 광화문 태극기 집회의 연단에서나 들을 법한 극우
유튜버들의 전투적 어휘가 그대로 복사 붙여넣기 된 것이었

 3부. 알고리즘이 당신의 뇌를 지배한다

다. 윤석열의 뇌와 극우 유튜브 알고리즘의 동기화가 완료된
것이다.

확증편향의 덫

왜 평생을 검사로 팩트만 다뤘다는 사람이 그토록 조잡한 '빨
간 맛' 유튜브에 중독되었을까. 그 심리적 메커니즘은 앞서 2
부에서 다룬 10대들이 혐오 영상에 빠지는 과정과 놀랍도록
똑같다. 바로 고립과 보상 심리다.

집권 이후 지지율은 곤두박질쳤다. 야당은 사사건건 발목
을 잡고, 믿었던 보수 언론 '조중동'조차 사설을 통해 윤석열
을 비판하기 시작했다. 여소야대 국회와 싸우느라 현실 세계
는 그에게 고통스러운 스트레스 그 자체였다. 모든 일정을 마
친 고독한 밤, 침대에 누워 스마트폰을 켜면 전혀 다른 세상이
펼쳐진다. 극우 유튜버들은 격앙된 목소리로 외친다.

"대통령님은 지금 너무나 잘하고 계십니다! 다만 언론이 좌
파에 장악돼서 가짜뉴스를 퍼뜨리는 겁니다!" "지금 지지율
이 낮은 건 여론조사 기관의 조작 때문입니다! 실제 민심으

이 얼마나 달콤한 정신 승리인가. 현실의 참모들은 "각하, 이건 좀 어렵습니다"라며 쓴소리를 하지만, 스마트폰 속 유튜버들은 "각하의 뜻대로 밀어붙이십시오"라며 무한한 지지를 보낸다. 윤석열에게 유튜버는 유일하게 자신을 알아주는 충신이자 우군이었다. 반면 비판적인 참모나 언론은 '내부 총질러'이거나 '적'일 뿐이었다.

알고리즘은 기가 막히게 주인의 취향을 파악한다. 윤석열이 흐뭇하게 본 부정 선거 음모론, 이재명 구속설, 문재인 간첩설 등의 영상을 끊임없이 추천한다. 그렇게 용산의 집무실은 세상과 단절된 거대한 에코체임버가 되어버렸다.

텔레그램 보고서

더 심각한 문제는 주변의 간신들이 이 알고리즘 중독을 말리기는커녕 적극적으로 이용했다는 점이다. 윤석열이 유튜브를 좋아한다는 사실을 간파한 일부 참모들과 김 여사 라인의 인사들은 정식 보고서 대신 '이런 영상이 지금 이슈'라며 자극적인 유튜브 링크를 텔레그램으로 전송하기 시작했다. 이 과정에서 팩트체크는 실종된다. 국가의 정보 시스템이 멈추고 카더라 통신이 국정 운영의 나침반이 된다.

이런 3류 찌라시 정보가 비서실을 거치지 않고 윤석열의 눈에 직보된다. 그리고 다음 날 아침, 윤석열은 그 내용을 바탕으로 장관들에게 불호령을 내린다. 장관들은 황당해하면서도 그의 심기를 거스르지 않기 위해 그 음모론을 정책으로 입안하는 촌극이 벌어진다.

부정선거 음모론

윤석열과 유튜버의 위험한 동거가 낳은 가장 끔찍한 사생아는 바로 4.15 총선 부정선거 음모론의 수용이다. 상식적인 보수 정치인이라면 거들떠보지도 않을 '투표지 분류기 조작설'

'선관위 서버 해킹설' 같은 음모론이 윤석열의 인식 세계에서
는 합리적 의심을 넘어 확정적 사실로 굳어졌다. 이것은 매우
위험한 징조였다. 야당을 국정 파트너가 아니라 선거를 조작
해 권력을 훔친 범죄 집단으로 규정하게 만들기 때문이다. 범
죄자와는 협치할 수 없다. 오직 척결과 토벌만이 있을 뿐이다.
우리는 2024년 12월 3일 밤, 계엄령 선포문에서 그 징후를 생
생하게 목격했다.

이 문장은 법률가나 참모들이 작성한 차가운 정무적 언어
가 아니었다. 지난 3년간 윤석열의 뇌리를 잠식해 온 유튜브
알고리즘이 뱉어낸, 아주 뜨겁고 섬뜩한 그들만의 언어였다.
그는 비상계엄이라는 초헌법적 조치를 내리면서도 자신이
'나라를 구하고 있다'고 확신했을 것이다. 왜냐하면 그가 보는
유튜브 세상 속에서 야당은 이미 나라를 팔아먹은 매국노들
이었기 때문이다.

옛날 왕들은 간신에게 눈과 귀가 가려져 '인의 장막'에 갇히는 것을 가장 경계했다. 21세기의 간신은 내시가 아니다. 바로 알고리즘이다. 대통령이 아침에 눈을 뜨자마자 보는 세상이 《가로세로연구소》나 《신의한수》 같은 극우 유튜브의 시각으로 편집된 세상이라면, 이 나라의 정책은 어디로 가겠는가. 그들은 슈퍼챗으로 돈을 벌기 위해 없는 갈등을 부추기고 혐오를 생산한다. 그런데 일국의 국가 원수가 그 상업적 혐오를 고귀한 국정 철학에 반영했다.

이것은 코미디가 아니라 호러다. 대한민국은 합리적 시스템에 의해 통치되었던 것이 아니라 조회수에 미친 유튜버들의 집단지성에 의해 통치되고 있었다. 그리고 그 대가는 고스란히 국민들이 치러야 했다. 계엄군의 총구가 국민을 겨누던 그 밤, 우리는 '유튜브 대통령'을 둔 대가가 무엇인지 가장 비참하게 확인했다.

계엄령은 어떻게
알고리즘을 타고
내려왔나

대통령까지 세뇌한 극우 알고리즘

#27

알고리즘이 창조한 가짜 지옥

2024년 12월, 대한민국의 거리는 평온했다. 백화점 쇼윈도에는 크리스마스트리가 반짝였고, 연말 송년회를 즐기는 시민들의 웃음소리가 홍대와 강남 거리를 채웠다. 북한의 도발 징후도, 대규모 폭동의 조짐도 없었다. 하지만 윤석열의 스마트폰 속 세상은 달랐다. 용산 집무실의 두꺼운 커튼 뒤에서 그가 들여다보는 6인치 화면 속 대한민국은 이미 총성 없는 내전이 한창인 아수라장이었다. 윤석열이 즐겨 보는 극우 채널들의

  3부. 알고리즘이 당신의 뇌를 지배한다

썸네일을 복기해 보자. 붉은색 궁서체 자막과 불타는 합성 사진이 그의 망막을 자극한다.

「(긴급) 북한 간첩 5만 명 침투 완료! 광화문 지하 벙커의 충격적 실체」「(단독) 야당 지도부, 평양 지령 받았다… 탄핵 후 '연방제 통일' 시나리오 입수」「(호소) 각하, 지금 칼을 뽑지 않으면 대한민국은 이번 겨울을 넘기지 못합니다. 결단해 주십시오!」

알고리즘은 하루 24시간 내내 윤석열의 뇌에 국가 비상사태라는 시그널을 주입했다. 이것은 정보가 아니라 공포의 주사였다. 현실 세계의 참모들이 "각하, 시중의 여론은 그렇지 않습니다"라고 보고하면 대통령은 그들을 '안이한 관료주의자' 혹은 '사태를 은폐하려는 내부의 적'으로 의심했다. 그에게 진짜 정보는 수천만 원의 월급을 받는 정보기관장이 아니라 슈퍼챗을 받기 위해 목에 핏대를 세우는 유튜버들이 목숨 걸고(?) 폭로하는 음모론이었기 때문이다.

일반 국민에게 12.3 계엄령은 마른 하늘의 날벼락이었지만 지난 3년간 '유튜브 유니버스'에 살고 있던 윤석열에게 그것은 너무나 시급하고 필요한 방어기제였다. 가짜 위기가 진짜 군대를 움직인 것이다.

계엄인가 계몽인가

여기서 우리는 12.3 내란의 본질을 이해하기 위해 아주 흥미롭고도 위험한 심리적 기제를 파헤쳐야 한다. 윤석열과 그를 둘러싼 강성 참모들은 계엄령을 군사적 폭력이나 헌정을 파괴하는 독재로 인식하지 않았다. 그들은 그것을 국민을 위한 '계몽'이라고 굳게 믿었다. 극우 유튜버들이 수년간 설파해 온 논리 구조는 다음과 같다.

"대한민국 국민들은 지금 좌파 언론과 전교조 교육에 의해 뇌가 썩어있다." "정상적인 선거와 합법적인 법치 시스템으로는 이 세뇌된 국민들을 구제할 수 없다." "강력한 충격요법을 통해 썩은 정치판을 물리적으로 갈아엎어야만 국민들이 비로소 가짜뉴스에서 깨어나 진실을 보게 될 것이다."

즉, 그들에게 계엄군은 시위대를 진압하러 온 무자비한 군인이 아니었다. 어리석은 백성의 눈을 뜨게 하러 온 숭고한 계

     3부. 알고리즘이 당신의 뇌를 지배한다

몽군이자 십자군이었다. 대통령이 계엄 선포문에서 "자유 대한민국을 수호하고 국민의 자유와 행복을 지키기 위해…"라고 낭독할 때, 그의 목소리에 일말의 망설임이나 죄책감이 없었던 이유는 바로 이 '메시아 콤플렉스' 때문이다.

그는 자신이 헌법을 유린하고 있다고 생각하지 않았다. 알고리즘이 가르쳐준 대로, 어리석은 국민들을 사탄의 세력으로부터 구원하고 있다는 확신에 차 있었다. 확신범이 가장 무서운 이유는 반성하지 않기 때문이다.

국민 99%가 원하고 있습니다

일각에서는 대통령이 참모들의 만류에 격노하며 마치 재떨이라도 던질 듯한 기세였다는 풍문마저 돌았다. 확인되지는 않았으나 그만큼 당시의 불통이 심각했다는 방증일 것이다. 그는 참모들의 보고서 대신 자신의 스마트폰 속 유튜브 세상을 진짜 민심이라 믿었던 것은 아닐까? 대통령이 말한 '국민'은 도대체 누구였을까? 그것은 바로 유튜브 라이브 방송의 실시간 채팅창이었다. 비상계엄 선포가 임박했다는 소문이 돌자 보수 유튜버들은 긴급 방송을 켰고, 훈련된 수천 명의 골수 지지자들이 실시간 채팅으로 화답한다.

이 화력 지원은 고립된 대통령에게 대한민국 전체의 여론으로 치환된다. 스마트폰 화면 속 3,000명의 열광적인 환호가 5,000만 국민의 침묵보다 더 크게 들리는 거대한 인지적 착시를 만든다. "봐라, 국민들이 이렇게 나를 지지하고 있지 않느냐. 내가 가는 길이 곧 정의다." 알고리즘은 그에게 '당신은 절대다수의 지지를 받는 영웅'이라는 강력한 환각제를 투여했다. 그 약 기운에 취해 그는 헌법이라는 최후의 안전장치를 스스로 풀어버렸다. 현실의 광장에서는 수십만이 촛불을 들고 탄핵을 외치고 있을 때, 윤석열에게 채팅창 속 하트 이모티콘만 보이고, 슈퍼챗 터지는 소리만 들렸을 것이다.

역사는 12.3 내란을 '실패한 내란' 혹은 '성공하지 못한 친위 쿠데타'로 기록할 것이다. 하지만 나는 이것을 알고리즘이 기획하고, 유튜버가 연출하고, 대통령이 주연을 맡은 '인터랙티브 막장 드라마'라고 정의하고 싶다. 이 드라마의 가장 큰 비

     3부. 알고리즘이 당신의 뇌를 지배한다

극은 주연 배우인 윤석열이 이것이 드라마인 줄 모르고 현실이라고 믿었다는 데 있다. 유튜브 알고리즘이 만든 가상현실 속 구국의 결단이 현실 세계로 내려왔을 때, 그것은 민주주의를 파괴하는 끔찍한 폭력이 되었다. 계몽을 꿈꿨던 그들은 결국 국민을 깨웠다. 하지만 그 깨어남은 그들이 원했던 존경과 복종이 아니었다. "저런 미친 권력은 당장 끌어내려야 한다." 주권자들의 이 서늘하고도 뜨거운 분노야말로 알고리즘이 계산하지 못한 유일한 변수이자 팩트였다.

10대들의 뇌도
해킹당했다

인스타그램이 추천하는 멋진 파시즘

#28

윤석열 폼 미쳤다,
교실을 점령한 시그마 메일

2025년 12월, 서울의 한 남자 중학교 쉬는 시간. 아이들은 삼삼오오 모여 스마트폰을 들여다보며 낄낄거리고 있다. 그들이 보고 있는 것은 아이돌 직캠도, 게임 방송도 아니다. 바로 윤석열의 영상이다. 하지만 이 영상은 우리가 뉴스에서 보는 밋밋한 영상이 아니다. 음침하면서도 비트가 강한 배경음악이 둥둥거린다. 화면은 흑백 필터나 붉은색 조명으로 보정되어 있다. 윤석열이 선글라스를 끼고 걷거나, 계엄군을 사열하는 장면에 슬로모션이 걸린다. 그리고 화면 하단에는 이런 자막이 박힌다.

“상남자 특: 말 안 통하면 탱크로 밈.” “Real Leader.” “Korea is Safe.”

이것이 바로 전 세계 10대 남성들 사이에서 유행하는 ‘시그마 메일’ 밈이다. 아이들에게 윤석열은 ‘지지율 낮은 정치인’ ‘내란에 실패한 범죄자’가 아니다. 영화의 주인공처럼, 남들의 시선 따위는 신경 쓰지 않고 자신의 의지대로 힘을 휘두르는 쿨한 마초이자 알파메일로 소비된다.

“야, 이거 봐라. 윤석열 폼 미쳤다. 좌파들 질질 짜는 거 개웃기네.” “역시 힘이 최고야. 민주주의니 뭐니 떠드는 거 다 겁쟁이들이나 하는 소리잖아.”

윤석열 쇼츠

인스타그램 릴스는 아이들에게 파시즘을 정치사상이 아닌, 가장 멋지고 힙한 패션으로 판매하는 데 성공했다. 민주적인 절차와 토론은 '게이 같고 지루한 것'이고, 독재적인 권력 행사는 '남성적이고 섹시한 것'이라는 이미지가 15초짜리 영상에 담겨 아이들의 뇌에 각인되고 있다.

현실판 배틀그라운드

2024년 12월 3일 밤 비상계엄이 선포되고 무장한 공수부대가 국회 유리창을 깨고 진입하던 그 순간, 어른들은 민주주의가 무너진다는 공포에 떨었지만 대한민국의 10대 남학생들은 다른 의미로 흥분했다. 그들에게 그 장면은 쿠데타가 아니라 고사양 그래픽으로 구현된 리얼 FPS의 이벤트 '컷신'이었다. 당시 PC방과 학원가, 그리고 디스코드 채팅방에서 오간 대화들을 복기해 보면 충격적이다.

"와, 헬기 뜨는 거 실화냐? 맵 구현 지리네." "특전사 형들 장비 봐라. 저거 배그 3레벨 헬멧 아니냐? 간지 난다." "국회 유리창 깨는 타격감 미쳤다. 국회의원들 쫄아서 도망가는

     3부. 알고리즘이 당신의 뇌를 지배한다

　그들은 현실의 폭력을 게임의 문법으로 해석했다. 그들에게 국회는 신성한 민의의 전당이 아니라, 점령해야 할 '거점'일 뿐이었다. 국회의원과 보좌진은 제거해야 할 '적군'이거나 겁에 질린 'NPC'였다.

　인스타그램과 틱톡 알고리즘은 이 흥분에 기름을 부었다. 계엄군이 시민을 밀치는 장면에 신나는 클럽 음악을 입힌 영상이 조회수 100만 회를 찍었다. '#민주당 참교육' 같은 해시태그와 함께 폭력은 유희가 되었다. 스마트폰 화면 너머의 세상은 모두 가상현실처럼 느끼는, 전쟁을 겪어보지 못한 '도파민 세대'에게 계엄령은 역사적 비극이 아니라 밤새 즐길 수 있는 최고의 콘텐츠였다.

댓글 부대의 정체

우리는 흔히 인터넷 뉴스 댓글 창이나 유튜브에서 대통령을 맹목적으로 찬양하고, 야당과 시민단체를 입에 담지 못할 욕설로 비난하는 이들을 보며 의심한다. "저거 돈 받고 쓰는 댓글 부대 아니야?” “어디 노인정 할아버지들이 단체로 쓰는 거 아니야?” 반은 맞고 반은 틀렸다. 현재 온라인 여론전의 가장 강력한 최전방 공격수는 10대 남학생들이다. 그들은 돈을 받지 않는다. 누가 시킨 일도 아니다. 그들은 자발적으로, 그리고 재미로 그 짓을 한다.

왜일까? 그들에게는 반항 심리가 작동하기 때문이다. 주로 전교조 세대라고 그들이 믿는 학교 선생님이 “민주주의는 소중한 거야” “독재는 나쁜 거야”라고 가르친다. 사춘기 소년들에게 어른들의 가르침은 곧 ‘꼰대질’이다. 선생님이 옳다고 하는 것을 비틀고 조롱할 때 그들은 짜릿한 해방감과 우월감을 느낀다.

“선생님들이 발작하는 거 보니까 윤석열이 잘하는 거 맞네.” “학교에서는 민주주의 타령하더니, 정작 힘센 놈 앞에서는 아무것도 못 하죠? ㅋㅋㅋ”

그들은 인터넷 공간에서 ‘좌파 척결’ ‘빨갱이 사형’ 같은 극단적인 댓글을 달며, 자신들이 기성세대의 도덕률을 파괴하는 ‘깨어 있는 악동’이라고 착각한다. 윤석열 지지율 20%의 비밀이 여기에 있다. 그 20% 안에는 콘크리트 노인뿐만 아니라

선생님을 놀려먹기 위해 윤석열을 지지하는 10대 소년들의
치기 어린 장난기가 단단히 한몫을 하고 있다.

릴스가 기르는 리틀 독재자들

이 현상의 가장 무서운 점은, 인스타그램 알고리즘이 아이들
의 세계관을 영구적으로 개조하고 있다는 것이다. 알고리즘
의 추천 경로는 매우 정교하다.

아이가 호기심에 '밀리터리' 영상을 본다.

알고리즘은 '특수부대 훈련' 영상을 추천한다.
(강한 남성에 대한 동경 자극)

이어서 페미니즘을 반박하는 영상과
PC를 조롱하는 영상을 보여준다. (혐오 정서 주입)

마지막으로 독재자의 연설에 힙한 음악을 깐
영상을 추천한다. (파시즘의 미화)

이 깔때기를 통과한 아이는 불과 몇 달 만에 '세상은 힘의

논리로 돌아가며, 약자는 밟혀도 싸고, 민주주의는 위선적인 약자들의 핑계일 뿐'이라는 가치관을 갖게 된다. 교과서에서 배우는 민주 시민 교육은 하루 1시간이지만, 릴스가 주입하는 파시즘 교육은 하루 5시간이다. 상대가 되지 않는 게임이다.

우리는 지금 '리틀 독재자'들을 기르거나 방치하고 있다. 타인의 고통에 공감하는 능력은 거세된 채 압도적인 힘과 권력만을 숭배하는 아이들이 자라서 투표권을 가지고 사회의 주역이 되었을 때 대한민국은 어떤 모습일까. 대통령이 속은 유튜브는 기껏해야 5년짜리 정권을 망가뜨렸지만, 아이들이 중독된 인스타그램은 앞으로의 30년을 망가뜨릴 것이다. 이것이 우리가 진짜 두려워해야 할 뇌를 지배하는 알고리즘의 실체다.

국정원이 심은 씨앗,
10대가 꽃피운 악의 꽃

이명박의 국정원은 여전히 일하고 있다

#29

과거엔 국정원 요원, 지금은 중학생

시계를 2012년으로 되돌려보자. 그 해에 대한민국을 뒤흔들었던 '국정원 댓글 사건'이 있었다. 국가 정보기관의 심리전단 요원들이 오피스텔에 틀어박혀 했던 일은 거창한 첩보 활동이 아니었다. 그들은 일베에 접속해 고 노무현 전 대통령을 조롱하는 게시글에 추천을 누르고 호남을 비하하는 악성 댓글을 달았다. 그것은 위에서 아래로 내린 작전이자, 국가가 국민의 세금으로 수행한 관제 혐오였다. 당시 요원들에게 그 일은

업무였고, 그들은 상부의 지시에 따라 월급을 받기 위해 영혼 없이 키보드를 두드렸다.

그리고 오늘 인스타그램과 틱톡, 텔레그램을 열어보자. 수십만 팔로워를 거느린 극우 유머 계정, 정치 밈 계정들이 즐비하다. 그곳에는 국정원 시절과는 비교도 안 될 정도로 세련되고, 조롱의 수위가 훨씬 높아진 콘텐츠들이 매초 쏟아진다.

이 계정의 운영자는 누구일까? 은밀한 공작금을 받는 국정원 요원일까? 정당의 사주를 받은 댓글 알바일까? 모두 아니다. 놀랍게도 그들 대다수는 평범한 10대 중고등학생들이다. 그들은 누가 시키지도 않았는데 밤을 새워 영상을 편집하고 합성 사진을 만든다. 대가는 없다. 오직 '좋아요'와 친구들의 반응, 즉 도파민이 그들의 유일한 보수다.

그러나 이제 인스타그램 '보너스'라는 수익화 정책으로 대가가 생겼다. 역사를 전달한다는 콘셉트로 극우 밈을 전달하는 수십만 팔로워 계정의 인스타그램 월 수익이 3천만 원에 달한다는 제보가 있었다. 본인에게 직접 들었다고 했다. 제보한 친구도 극우 밈 계정을 운영하는 친구였는데, 이제 자기도 월 몇천만 원의 수익이 생기는 그 날을 기다리며 더 열심히 극우 계정을 운영하겠다고 했다. 돈도 되고 도파민도 주는 이 인스타그램 극우 밈 계정들을 대체 어떻게 막을 것인가?

공짜로 해드립니다

이 지점에서 보수 기득권 세력의 '혐오 프로젝트'는 완벽한 성공을 거두었다. 아니, 그들의 기대를 초월해 버렸다. 과거에는 돈을 주고 사람을 써야만 겨우 만들어지던 혐오 여론이, 이제는 아이들의 자발적인 놀이 문화를 타고 막대한 수익까지 더해져 무한 동력으로 생산되고 있기 때문이다.

이것은 혐오의 외주화이자 내면화다. 국정원 요원은 퇴근 시간이 되면 컴퓨터를 껐지만 10대들은 스마트폰을 손에 쥐고 잠들기 직전까지 혐오를 생산한다. 국정원 요원은 죄책감을 느꼈을지 모르지만 아이들은 죄책감을 느끼지 않고 자발적으로 한다. 왜냐하면 그들에게 이것은 정치가 아니라 재밌는 놀이이기 때문이다.

"형, 이거 국정원 작품 아니에요. 제가 직접 만든 건데요? 퀄리티 쩔죠?"

자신이 만든 전 대통령 조롱 영상이 조회수 100만을 찍었을 때, 아이는 뿌듯한 표정으로 나에게 스마트폰을 내밀었다. 그 해맑은 표정 뒤에 숨겨진 '악의 평범성'을 마주한 순간, 나는 등골이 서늘해졌다.

고인을 장난감으로 만든 AI

이 끔찍한 놀이판에 기름을 부은 것은 바로 '생성형 AI' 기술
이다. 과거 일베 유저들이 노무현 전 대통령의 육성을 한 땀
한 땀 편집해 조악한 노래를 만들었다면, 지금 10대들은 AI 보
이스 프로그램을 이용해 단 1분 만에 고인의 목소리를 완벽하
게 복원해낸다.

유튜브에 'MC 무현'을 검색하면, 고인의 목소리로 뉴진스의
「Hype Boy」를 부르거나 일본 애니메이션 주제가를 부르는 영
상이 수천 개 쏟아진다. 아이들은 이 영상을 보며 낄낄거린다.
그들에게 노무현은 존경받아야 할 전직 대통령도, 비극적으
로 생을 마감한 정치인도 아니다. 그저 '목소리가 웃긴 AI 가
수'이자 '합성용 소스'일 뿐이다. 교실 뒤편에서 아이들이 나누
는 대화를 들어보라.

"야, 이번 신곡 미쳤음. 노무현 목소리 튜닝 개잘됨." "솔직
히 노래는 잘하지 않냐? ㅋㅋㅋ"

내가 정색을 하고 "고인에 대한 예의가 아니지 않니?"라고 물으면, 아이들은 나를 이해할 수 없다는 표정으로 쳐다본다.

그들에게는 죽음조차도 클릭을 유도하기 위한 콘텐츠 재료에 불과하다. 인간의 존엄성은 조회수 앞에서 휴지 조각처럼 구겨졌다.

사상 교육보다 무서운 밈의 세뇌

국정원이 10년 전 뿌린 씨앗은 인스타그램이라는 비옥한 토양과 AI라는 햇빛을 받아 거대한 악의 숲을 이뤘다. 이 현상이 정치적으로 치명적인 이유는 밈이 가진 강력한 '우회 침투 능력' 때문이다.

학교에서 선생님이 "독재는 나쁜 거야" "민주주의는 소중한 거야"라고 정색하고 가르치면, 아이들의 뇌는 그것을 지루한 훈계로 인식하고 방어막을 친다. 하지만 웃기고 자극적인 숏폼 영상은 방어막을 우회하여 곧바로 뇌리에 꽂힌다.

노무현을 우스꽝스러운 캐릭터로 소비하다 보면 어느새 무의식 속에 '민주당 = 우스운 놈들 = 조롱해도 되는 대상'이라는 공식이 성립된다. 반대로 전두환 전 대통령이 탱크를 몰고 가는 장면에 힙합 음악을 입힌 영상을 반복해서 보다 보면 독재의 잔혹성은 휘발되고 '전두환 = 상남자 = 카리스마'라는 이미지만 남는다.

이것은 논리가 아니라 감각의 영역이다. 텍스트로 된 사상 교육은 논박할 수 있지만 이미지와 음악으로 결합된 밈은 반박의 대상이 아니다. 그저 웃긴 감정만 남기 때문이다. 국정원 심리전단은 해체되었지만, 그들은 역사상 가장 성공적으로 심리전을 완수했다. 대한민국의 미래 세대에게 혐오를 '정치'가 아닌 '문화'로 이식하는 데 성공했기 때문이다. 그들을 추적하고 있는 황희두 노무현재단 이사에 따르면 혐오는 지금도 여전히 활발하게 생산되고 있다. 이제 이 숲을 관리하는 정원사는 없다. 통제 불가능한 아이들의 욕망이 숲을 더욱 울창하고 어둡게 만들고 있다.

지금 이 순간에도 전국의 독서실과 PC방에서 수만 명의 아이들이 모니터를 보며 낄낄거리고 있다. 그들의 손끝에서 AI는 1초에 한 번씩 새로운 혐오를 찍어낸다. 국가가 주도했던

‘관영 혐오 공장’은 문을 닫았지만, 이제 아이들이 운영하는
‘민영 혐오 공장’은 24시간 불이 꺼지지 않고 돌아가고 있다.
더 빠르고, 더 정교하고, 더 잔인하게.

누구나
1분이면 만든다

딥페이크 성착취물과 서울대 N번방의 교훈

#30

포토샵은 필요 없다, 봇에게 사진만 던져라

불과 몇 년 전까지만 해도 합성 사진을 그럴듯하게 만들려면 꽤 높은 수준의 포토샵 실력이 필요했다. 조명을 맞추고, 피부 톤을 보정하는 작업은 아무나 할 수 있는 영역이 아니었다. 기술 장벽이 일종의 브레이크 역할을 했던 셈이다.

하지만 2024년을 기점으로 그 빗장이 산산이 부서졌다. 텔레그램에 접속해 '딥페이크 봇'에게 사진 한 장을 전송하는 데 걸리는 시간은 단 5초, "옷 벗겨줘"라는 명령어 버튼을 누르고 결과물을 받는 데 걸리는 시간은 1분이다. 단돈 몇천 원, 혹은 무료 포인트만 있으면 누구나 내 친구의 얼굴을 포르노 배우의 몸에 합성할 수 있는 세상이 열렸다.

이제 가해자에게는 기술도 노력도 필요 없다. 필요한 것은 오직 타인을 성적으로 모욕하겠다는 저열한 욕망과 사진 한 장을 업로드할 수 있는 손가락뿐이다. 기술의 발전은 인간의 악의를 가장 효율적으로 실행할 수 있도록 날개를 달아주었다. 진입장벽이 사라진 범죄는 더 이상 범죄로 인식되지 않는다. 그저 스마트폰 게임처럼 간편한 '놀이'가 되었기 때문이다.

괴물은 엘리트의 가면을 쓰고 있다

2024년 대한민국을 강타한 '서울대 N번방 사건'은 이 디지털 성범죄가 얼마나 일상 깊숙이 침투했는지를 보여주는 상징적인 사건이었다. 가해자들은 학교폭력으로 얼룩진 비행 청소년들이 아니었다. 대한민국 최고의 지성이라 불리는 서울대학교 동문들이었다. 그들은 캠퍼스에서 함께 수업을 듣고 동아리 활동을 하고 웃으며 밥을 먹던 여성 동기, 후배, 선배들의 사진을 수집했다. 그리고 텔레그램이라는 어둠의 방에 모여 그 사진들을 딥페이크로 합성하고 입에 담을 수 없는 음란한 대화를 나누며 낄낄거렸다. 피해자 중 한 명은 이렇게 절규했다. "가해자가 잡혔다는 소식을 듣고 경찰서에 갔는데, 다리가 풀려 주저앉았습니다. 제가 평소에 친절하다고 생각했던 선배였고, 저에게 시험 족보를 챙겨주던 동기였습니다."

이것은 단순한 성범죄가 아니다. '인간관계의 총체적 파탄'이다. 가해자들에게 피해자는 동료 시민이나 친구가 아니었다. 낮에는 정상적인 관계를 맺는 친구였지만, 밤이 되면 내 성적 판타지를 충족시켜 줄 디지털 인형이자 합성 재료일 뿐이었다. 서울대라는 타이틀, 높은 수능 점수 등 화려한 스펙 중 그 어떤 것도 이들의 도덕적 타락을 막아주지 못했다. 오히려 그 명석한 두뇌를 수사망을 피하고 피해자를 특정하는 데 악용했다.

이게 왜 죄가 되나요, 진짜도 아닌데

경찰 조사 과정에서 잡혀 온 10대, 20대 가해자들의 반응은 수사관들을 더욱 절망하게 만들었다. 그들은 대부분 억울해했다.

3부. 알고리즘이 당신의 뇌를 지배한다

"제가 직접 강간을 했나요? 몰카를 찍었나요? 그냥 인터넷에 있는 사진 합성한 건데 그게 왜 성범죄예요?" "진짜 몸도 아니고 가짜잖아요." "그냥 친구들끼리 돌려보고 지웠어요. 장난이었다고요."

그들은 강간이나 추행 같은 물리적 폭력과 비교해 '딥페이크 성착취'는 큰일이 아니라고 생각한다. 그저 데이터 쪼가리를 가지고 논 사이버 유희일 뿐이다. '피해자가 모르면 그만 아니냐'는 기적의 논리. 하지만 장난으로 만들어진 영상이 텔레그램을 넘어 전 세계 포르노 사이트로 유포될 때 피해자의 영혼은 난도질당한다. 평생 지워지지 않는 디지털 주홍글씨 때문에 개명하고 이사를 가고 성형수술까지 고민하며 숨어 살아야 한다.

가해자의 '1분 장난'이 피해자에게는 '100년의 고통'이 된다는 사실. 이 명백한 인과관계를 딥페이크 세대는 이해하지 못한다. 아니, 이해하기를 거부한다. 화면 속의 대상이 고통을 느끼는 실재하는 인간이라는 감각 자체가 마비되었기 때문이다.

네 옆의 여자를 능욕해 드립니다

이 지옥도는 '겹지인방'이라는 형태로 진화하며 정점을 찍었다. 텔레그램 겹지인방의 입장 조건은 잔혹하다.

자신의 누나, 여동생, 학교 선생님, 전 여자친구의 사진을 제물로 바치고 입장권을 얻는다. 배신이 배신을 낳고 능욕이 능욕을 낳는 구조다. 전국의 중고등학교, 대학교마다 해당 학교 이름을 딴 '××중 겹지인방' '××대 능욕방'이 우후죽순 생겨났다.

이제 대한민국 여성 그 누구도 안전하지 않다. 내가 SNS에 올린 일상 사진이 누군가의 성적 노리개로 합성되어 언제 어디서 조리돌림 당하고 있을지 모른다는 공포. 이것은 가상의 공포가 아니라 지금 대한민국 여성들이 매일 마주하는 실체적 위협이다. 많은 사람이 인공지능은 인류의 축복이 될 것이라 예언했다. 하지만 대한민국의 누군가에게 AI는 가장 저열한 욕망을 실현해 주는 '악마의 도구'가 되었다.

서울대 N번방 사건과 10대들의 딥페이크 유행은 우리에게 뼈아픈 교훈을 던진다. 기술은 발전하는데 윤리는 퇴보할 때 그 사회는 지옥이 된다. 국정원 댓글 부대가 뿌린 '조롱의 씨앗'은 정치인을 넘어 일반인에게로 번졌고, 이제는 내 가족과 친구의 얼굴마저 짓밟는 괴물이 되어 돌아왔다. 이 브레이크 없는 폭주 기관차를 멈추지 않는다면 다음 타깃은 바로 당신의 딸, 당신의 아내, 혹은 당신이 될 것이다.

목소리도 얼굴도
조작된 정치인

다가올 선거, 진실은 사라진다

#31

「APT.」에 맞춰 춤추는 트럼프

얼마 전, 인스타그램을 보다가 나도 모르게 피식 웃음이 터진 영상이 있었다. 검은 양복에 빨간 넥타이를 맨 도널드 트럼프 미국 대통령이 브루노 마스와 블랙핑크 로제의 히트곡 「APT.」 리듬에 맞춰 엉덩이를 흔들며 경쾌하게 춤을 추는 영상이었다. 그의 표정은 너무나 진지했고 몸짓은 기가 막히게 박자와 맞아떨어졌다. 댓글 창은 축제 분위기였다.

"트럼프 형님 폼 미쳤다 ㅋㅋㅋ" "합성인 거 아는데 왤케 자연스럽냐." "이거 보고 트럼프 지지하기로 했다."

우리는 이 영상을 보며 낄낄거린다. 누구도 이 영상을 보고 트럼프가 실제로 댄스 가수로 데뷔했다고 믿지 않는다. 왜냐하면 맥락상 말이 안 되기 때문이다. 그래서 우리는 이것을 기술이 준 유쾌한 유머이자 밈으로 소비한다.

트럼프 쇼츠

하지만 웃음기를 거두고 생각해 보자. AI가 트럼프를 춤추게 할 수 있다면 트럼프가 전쟁을 선포하게 만들 수도 있지 않을까? 혹은 트럼프가 "한국 따위는 버려도 된다"고 말하게 만들 수도 있지 않을까? 우리가 「APT.」 춤을 보며 웃고 떠드는 사이 기술은 이미 인간의 눈과 귀를 완벽하게 속일 준비를 마쳤다. 이 기술이 유머의 영역을 넘어 권력 투쟁의 장인 선거판에 들어오는 순간, 장르는 코미디에서 호러로 바뀐다.

D-3, 선거판을 뒤집는 가짜의 습격

지방선거 투표일 3일 전으로 시계를 돌려보자. 유튜브와 카카오톡 단체방을 통해 충격적인 영상 하나가 산불처럼 번져나간다. 영상 속에는 야당 유력 후보의 얼굴과 목소리가 너무나 선명하게 담겨 있다. 그는 술자리에서 지인들에게 이렇게 말한다. "아, 그 개돼지들? 선거 때만 시장 가서 어묵 좀 먹어주면 껌뻑 죽어. 어차피 공천은 내가 쥐고 있잖아."

시민들은 분노한다. "저런 위선자가 우리를 대표한다고?" 언론사에는 제보 전화가 빗발치고 상대 당은 "후보 사퇴하라"며 총공격을 퍼붓는다. 해당 후보는 즉각 기자회견을 열고 억울함을 토한다. "이것은 100% 조작입니다! AI로 만든 딥페이크 영상입니다. 저는 그런 말을 한 적이 없습니다!"

하지만 해명은 거북이처럼 느리고 가짜 영상의 확산은 토끼처럼 빠르다. 전문가들이 주파수를 분석해 'AI 조작 흔적이 보인다'는 결과를 내놓았을 때는 이미 투표가 끝난 뒤였다. 사람들의 뇌리에는 '그 후보가 국민을 개돼지라고 했다'는 강력한 시청각적 충격만이 남았다.

낙선한 후보는 억울함을 호소하지만 이미 버스는 떠났다. 대중은 차갑다. "아니 땐 굴뚝에 연기 나겠어? 평소 인성에 문제가 있으니까 그런 딥페이크도 도는 거지.” 트럼프 춤 영상에서 느꼈던 그 놀라운 자연스러움이 여기서는 한 사람의 정치 생명을 끊어놓는 흉기가 되었다.

진짜도 가짜고, 가짜도 진짜다

딥페이크가 가져올 진짜 재앙은 단순히 우리가 '가짜 영상에 속는 것'이 아니다. 더 본질적이고 무서운 현상은 바로 '거짓말쟁이의 배당금' 효과다. 이것은 진짜 비리나 막말이 터졌을 때, 정치인들이 “이거 딥페이크입니다!”라고 우기며 빠져나가는 현상을 말한다. 분명히 뇌물을 받는 CCTV 영상이 공개되었는데도 해당 정치인은 뻔뻔하게 주장한다. “요즘 기술 아시죠? 저거 반대파가 AI로 교묘하게 합성한 가짜 영상입니다.”

과거에는 영상이나 녹취록이 '빼박 증거'였다. 하지만 이제 유권자들은 혼란에 빠진다. “저게 진짜인가? 가짜인가? 트럼프도 춤추게 만드는 세상인데….” “요즘 세상에 눈에 보이는 걸 어떻게 믿어?” 결국 대중은 피로감을 느끼고 팩트체크를 포기해 버린다. 그리고 자신이 믿고 싶은 것만 믿는 '확증편향'의 동굴로 더 깊이 숨어든다. 더불어민주당 지지자는 정청래 대표의 욕설 영상이 나와도 조작이라고 믿고, 국민의힘 지지자는 장동혁 대표의 실언 영상이 나와도 딥페이크라고 믿는다. 객관적 진실의 사망이야말로 딥페이크 기술이 민주주의에 가하는 치명타다.

AI 아바타의 역습

우리는 지난 2022년 대선에서 'AI 윤석열'이라는 아바타를 목격했다. 당시에는 신기한 선거 운동 도구였지만, 다가올 선거에서 이 기술은 '유권자 맞춤형 사기'로 진화할 것이다.

내가 그린 디스토피아는 이렇다. 생성형 AI는 유권자의 유튜브 시청 기록과 검색 성향을 분석해, 각 개인에게 가장 듣기 좋은 거짓말을 하는 영상을 실시간으로 생성해 보낸다. 20대 남성에게 "여가부 당장 폐지하고 군 월급 300만 원으로 올리겠습니다", 40대 여성에게 "아이 돌봄 예산을 10배 늘리고 육아 휴직 3년을 의무화하겠습니다", 60대 노인에게 "기초연금 100만 원 드리고, 임플란트 무료로 해드립니다"라는 내용의 영상을 보여준다.

이 모든 공약이 후보자의 입에서 나온 것처럼 정교하게 립

     3부. 알고리즘이 당신의 뇌를 지배한다

싱크되어 스마트폰으로 배달된다. 후보자는 한 명인데, 유권자가 만나는 후보자는 수천만 명이다. 나중에 "그런 공약 낸 적 없다"라고 발뺌하면 그만이다. 유포자가 누군지 잡을 수 없기 때문이다. 유권자는 자신이 보고 들은 것을 믿고 투표장에 가지만, 그들이 찍는 것은 실존하는 정치인이 아니라 '알고리즘이 만들어낸 환상'이다.

뇌가
해킹당한 사회,
민주주의가
위험하다

지금 당장 플러그를 뽑아라

우리는 제3부 「알고리즘이 당신의 뇌를 지배한다」을 통해 우리가
얼마나 정교하게 설계된 착각 속에 살고 있는지 확인했다.
평범한 기독교인을 극단적 확신범으로 만드는 과정을 살펴본
《국민일보》 실험부터, 미국 개신교 마가(MAGA) 카르텔이 기획한
'빌드업 코리아'까지. 알고리즘은 단순한 추천 시스템이 아니라,
확증편향을 조립하고 혐오를 성스러운 전쟁으로 둔갑시키는
거대한 세뇌 공장이었다.
그 결과는 참혹했다. 국가의 컨트롤타워인 대통령은 참모의
보고서 대신 극우 유튜브를 믿으며 내란이라는 파국을 초래했고,
미래의 희망이어야 할 10대들은 인스타그램 릴스 속에서

파시즘을 '힙'하고 '쿨'한 문화로 소비하는 괴물이 되었다. 여기에 딥페이크라는 핵무기까지 더해졌다. 서울대 N번방 사건은 예고편에 불과하다. 이제 AI 기술은 선거라는 민주주의의 최후 보루마저 '진실 없는 믿음의 전쟁터'로 만들어버렸다.

지금 대한민국은 군부 독재와 싸우던 1987년과 다르다. 그때는 적이 명확했다. 하지만 지금 우리는 보이지 않는 적을 앞에 두고 있다. 내 손안의 스마트폰을 통해 나의 뇌를 조종하고, 가짜를 진짜처럼 보이게 만드는 '기술적 전체주의'와 싸워야 한다. "민주주의는 정보에 입각한 시민을 전제로 한다"는 말은 이제 죽은 언어가 되었다. 우리는 '오염된 정보에 중독된 시민'들이 되어가고 있다. 지금 당장 이 알고리즘의 플러그를 뽑지 않는다면, 춤추는 트럼프를 보며 웃던 우리는 머지않아 딥페이크로 조작된 독재자에게 열광하며 박수를 치게 될지도 모른다. 진실이 사라진 자리, 그 황량한 폐허 위에서 3부를 마친다.

Chapter 4

"이거 진짜예요?" 팩트체크 실전 매뉴얼

형, 민주당이 중국한테
나라 팔아먹으려는 거
진짜예요?
우리 공산화돼요?

민주당 찍으면
적화통일 된다는데요?
나를 멍청한 선동 피해자 취급해?
우리 부모는 자기가 더 똑똑하고
도덕적인 줄 아는 위선자네?

아,
또 선비질 하시네.
그래서 뭐
어쩌라고요?

어라? 내가 믿고 있는
이 거대한 사실이,
왜 메이저 언론에는
안 나오지?
고작 유튜버 한 명이 떠든 건가?
어? 아빠 말이 좀 일리 있는데?
내가 믿던 유튜버가 진짜 사기꾼인가?
내 친구가 하는 말이 진짜 아니야?'

대한민국 국민들은
지금 좌파 언론과
전교조 교육에 의해
뇌가 썩어있다.
정상적인 선거와 합법적인
법치 시스템으로는
이 '세뇌된 국민들을
구제할 수 없다.

진실은 지루하다, 그래서 무기가 필요하다

3초 후킹과 쉬운 언어의 힘

#32

논문 쓰지 마세요

내가 처음 유튜브와 인스타그램을 시작했을 때 나 역시 참혹한 실패를 맛봤다. 나는 논리적으로 완벽했다. 극우 유튜버가 퍼뜨린 가짜뉴스를 반박하기 위해 A4 3장 분량의 자료를 준비했고 판결문 원문을 인용했으며 점잖은 목소리로 이것은 사실이 아니라고 설명했다.

결과는? 조회수 300회. 댓글 0개. 반면 가짜뉴스를 퍼트리는 극우 유튜버의 영상은 조회수 50만 회를 찍었다. 그는 최소한의 논리 구조와 과장한 사실, 가짜뉴스를 적절히 배합했다. 그리고 혐오와 욕설, 자극적인 짤방을 사용한다.

그때 깨달았다. 진실은 본래 지루하다. 거짓말은 자극적이고 재밌게 가공되지만 진실은 복잡하고 어렵다. 도파민에 중독된 1020 세대에게 '점잖은 훈계'는 소음일 뿐이다. 진실이 거짓을 이기려면 진실도 '무기'를 갖춰야 한다.

정민철의 제1법칙, 3초 후킹

숏폼 전쟁터에서 승부는 단 3초 안에 결정된다. "안녕하세요, 정민철입니다. 오늘은…" 이렇게 시작하는 순간, 시청자의 손가락은 이미 위로 스크롤을 올린 뒤다. 그래서 나는 대본을 쓸 때 첫 문장에 목숨을 건다.

[나쁜 예] "최근 논란이 되고 있는 5.18 북한군 개입설에 대해 팩트체크를 해보겠습니다."

[좋은 예] "아직도 5.18이 북한군 소행이라고 믿으세요? 당신, 간첩한테 속은 겁니다."

시청자의 뇌를 '충격' 상태로 만들어야 한다. 질문을 던지거나 그들의 믿음을 정면으로 조롱하거나 도발해야 한다. 그래야 멈춘다. 팩트체크는 그다음이다.

정민철의 제2법칙,
초등학생도 아는 쉬운 언어로 싸워라

민주 진영의 고질병은 현학적 허세다. '담론' '헤게모니' '시대정신' '민주적 통제' 같은 단어를 쓰는 순간, 10대들은 "씹선비 또 시작이네"라며 이탈한다. 나는 철저하게 '시장통 언어'를 쓴다.

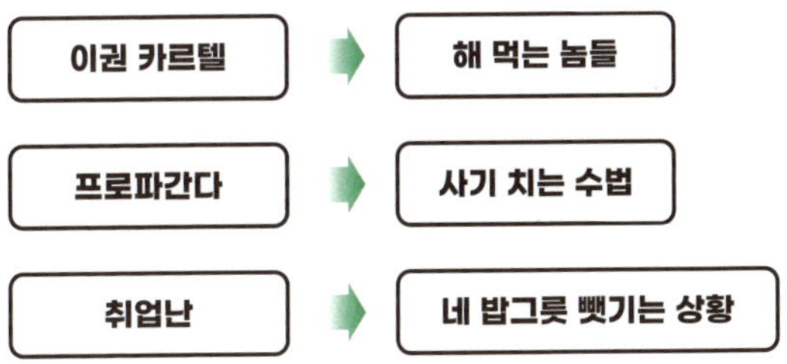

어려운 말은 죄악이다. 10대 우파들은 "좌빨 탈출은 지능순"이라며 아주 쉽고 직관적인 구호를 쓴다. 우리도 쉬워져야

한다. 팩트는 무거울지라도 그것을 전달하는 입은 가벼워야
한다.

 4부. "이거 진짜예요?" 팩트체크 실전 매뉴얼

극우화 대응 사례 1, 2, 3

팩트체크의 기술

#33

사례 1. 대한민국 1020을 뒤흔든 공산화 선동

내가 운영하는 채널 DM으로 가장 많이 들어오는 질문 중 하나다.

"형, 민주당이 중국한테 나라 팔아먹으려는 거 진짜예요? 우리 공산화돼요?" "민주당 찍으면 적화통일 된다는데요?"

우리가 보기엔 코웃음 칠 유치한 선동이지만 10대에게는 심각한 공포다. 왜냐하면 그들은 어릴 때부터 '반중 정서'를 먹고 자랐기 때문이다. 미세먼지, 동북공정, 게임 핵 유저…. 그들에게 중국은 '절대 악'이다.

극우 유튜버들은 이 혐오를 교묘하게 민주당과 연결한다. '민주당 = 친중 = 공산당' 이 기적의 논리가 숏폼을 타고 아이들의 뇌를 지배했다.

팩트체크 공포를 이익으로 치환하라

이걸 반박할 때 "우리는 평화를 사랑합니다"라고 말하면 100% 진다. 10대들에게 평화는 나약한 굴종이다. 나는 이렇게 반격했다.

[영상 대본 예시] "야, 공산화? 웃기고 있네. 진짜 공산당이 싫으면 민주당을 찍어야지. 왜냐고? 중국에 장사해서 돈 벌어오는 게 진짜 애국 보수 아니야? 보수 정권 때 대중국 무역 적자 얼마 났는지 알아? 마이너스 300억 달러야. 네가 좋아하는 엔비디아 그래픽카드, 아이폰? 그거 다 중국 공장에서 부품 안 오면 못 만들어. 진짜 나라 망하게 하는 건, '멸공' 외치면서 우리 기업들 중국에서 장사 못 하게 막는 멍청한 짓이야. 돈 버는 게 애국이다. 알겠냐?"

이념 논쟁을 경제적 이익의 문제로 치환하는 것이다. "민주당이 중국을 좋아하는 게 아니라 중국 돈을 벌어와서 국익과 너의 미래를 챙기는 거야." 이렇게 프레임을 바꾸자 아이들의 반응이 달라졌다. "오, 그러네. 돈을 벌어오는 게 그들에게 피해를 입히는 거지." 팩트체크는 상대를 가르치는 게 아니라 상대의 욕망을 건드리는 것이다.

사례 2. 죽여도 죽지 않는 좀비 뉴스

어떤 가짜뉴스는 팩트로 수천 번을 두들겨 패도 죽지 않는다. 대표적인 것이 '5.18 민주화 운동 북한군 개입설'과 '이재명 대북 송금 사건'이다.

법원에서 북한군 개입은 허위 사실이라고 판결이 나도, 대북송금 관련 핵심 진술자가 "검찰의 회유가 있었다"고 폭로해도 소용없다. 극우 유튜버들은 "판사가 좌파다" "증인이 매수됐다"며 음모론을 재생산한다. 이것은 뉴스가 아니다. 일종의 신앙이다.

신앙을 가진 사람에게 논리는 통하지 않는다. 이럴 때 가장 효과적인 방법은 조롱과 비유를 통해 그 믿음을 우스꽝스럽게 만드는 것이다.

[영상 대본 예시] "북한군 600명이 광주에 왔다고요? 아니, 600명이 내려오는데 우리 국군은 뭐 했습니까? 휴전선 지키는 군인들 다 잤어요? 전두환 정권이 그렇게 무능했습니까? 당신들 말대로라면 전두환은 간첩 600명이 내려오는 것도 몰랐던 '안보 무능 대통령'이네요? 보수의 신이라면서요?"

[영상 대본 예시] "쌍방울 김성태가 이재명 대통령을 위해 북한에 돈을 줬다? 상식적으로 생각해 봅시다. 깡패가 800만 불을 주는데 영수증도 안 받고, 차용증도 안 받고, 심지어 이재명은 고맙다는 전화 한 통 안 했다? 세상에 어떤 호구 깡패가 그럽니까? 이건 삼류 조폭 영화 시나리오로 써도 개연성 없어서 욕먹어요. 검찰이 소설을 쓸 거면 좀 그럴듯하게 쓰라고 하세요."

분노 대신 비웃음을 던져라. "그걸 믿는 네가 멍청한 거야"

라는 메시지를 유쾌하게 전달할 때, 10대들은 "아, 이거 억지였나?" 하며 비로소 의심하기 시작한다.

사례 3. 이재명 대통령은 친중인가

현재 이재명 대통령에 대한 가장 악의적인 프레임은 여전히 '친중' '반미'다. 하지만 나는 긴 설명 대신 대통령이 만들어낸 압도적인 현실을 보여준다.

[팩트체크] **한미 정상회담과 황금열쇠**

[영상 대본 예시] "야, 아직도 이재명이 반미라고? 뉴스 좀 봐라. 어제 한미 정상회담 봤어? 트럼프가 이재명 대통령한테 뭘 선물했는지 알아? '황금열쇠'야. 백악관 역사상 전례 없는 파격적인 선물이라고. 트럼프가 아무한테나 황금열쇠 주냐? 그리고 더 대박인 건 한국 핵추진 잠수함, 트럼프가 쿨하게 승인했어. 보수 정권이 10년 동안 빌어도 못 받아낸 걸, 이재명이 '딜' 한 번으로 따냈다고. 이게 반미면 나는 평생 반미 한다."

 엔비디아 젠슨 황과의 악수

[영상 대본 예시] "이번에 이재명 대통령이랑 엔비디아 젠슨 황이 손 맞잡은 거 봤지? 한국에 엔비디아 최신형 GPU 26만 장 우선 공급하기로 계약했어. 지금 전 세계가 이거 못 구해서 난리인데, 대한민국 과학기술 살리려고 대통령이 직접 영업 뛴 거야. 반미 좌파가 미국 최고 기업 대상으로 이런 계약을 따와? 억까도 적당히 해야지."

 시진핑 앞에서의 농담

[영상 대본 예시] "지난달 한중 정상회담 기억나? 이재명 대통령이 시진핑 주석 만나서 농담 던진 거. '시 주석님, 샤오미 폰 써도 제 정보 안 털리겠죠?' 와, 그 자리에서 시진핑 표정 굳는 거 봤냐? ㅋㅋㅋ 진짜 친중 사대주의자면 감히 중국 지도자 앞에서 저런 뼈 있는 농담 못 해. 저게 바로 '실용 외교'라는 거야. 할 말은 하고, 챙길 건 챙기는 거."

진실은 승리할 때 빛난다

팩트체크는 도서관 사서의 작업이 아니다. 전사의 칼싸움이다. 거짓말쟁이들은 우리를 조롱하고 선동하고 프레임을 씌운다. 점잖게 방어만 해서는 절대 이길 수 없다.

더 쉽고 더 자극적이고 더 통쾌하게 진실을 포장해라. 내 친구들이, 우리 아이들이 "와, 민주당 좀 치네?"라고 말하게 만들어라. 그것이 내가 《정민철의 이거 진짜예요?》 채널을 통해 매일매일 수행하고 있는 '진실의 전쟁'이다.

절대 하지 말아야 할 말

도덕적 우월감을 버려라

#34

최악의 오프닝

밥상머리나 술자리에서 극우화된 아들, 혹은 친구와 정치 이 야기를 하다가 우리가 가장 흔히 저지르는 실수가 있다. 바로 상대의 지적 능력을 무시하는 발언이다. "너 유튜브 보고 세뇌 당했냐?" "공부 좀 해라. 가짜뉴스에 속고 다니지 말고." "너 혹 시 일베 하니?" 이 말을 듣는 순간, 상대방의 뇌에서는 '방어기 제'가 작동한다.

4부. "이거 진짜예요?" 팩트체크 실전 매뉴얼

‘나를 멍청한 선동 피해자 취급해? 우리 부모는 자기가 더 똑똑하고 도덕적인 줄 아는 위선자네?’

이런 반발심이 생기면 그 뒤에 아무리 맞는 팩트를 들이밀어도 소용없다. 그들은 귀를 닫고 더 강력한 혐오 논리로 무장한다. 이를 심리학에서는 ‘역화 효과’라고 한다.

분노하지 말고 연민하라

그들이 이상한 소리를 할 때 화를 내거나 비난하지 마라. “어떻게 사람이 그런 끔찍한 말을 할 수 있어?”라고 도덕적 훈계를 하는 순간, 그들은 ‘쿨찐’ 모드가 되어버린다.

“아, 또 선비질 하시네. 그래서 뭐 어쩌라고요?”

기억해야 한다. 그들은 ‘나쁜 사람’이 아니라 알고리즘에 의해 인지 체계가 오염된 ‘피해자’다. 바이러스에 걸린 환자에게 왜 아프냐고 화를 내는 의사는 없다. 우리는 환자와 바이러스를 분리해서 봐야 한다. 싸워야 할 대상은 내 아이가 아니라,

아이의 머릿속에 있는 유튜브 알고리즘이다.

반박하지 말고 질문하라

상대방이 황당한 가짜뉴스를 가져왔을 때, "그거 거짓말이야!"라고 즉각 반박하지 마라. 대신 형사처럼 '출처'를 집요하게, 그러나 아주 순진한 표정으로 물어봐야 한다.

아들 "아빠, 문재인 전 대통령이 북한에 금괴 200톤 줬대요."
나　"그래? 와, 그게 사실이면 진짜 큰일이네. 나라가 뒤집힐 일인데…. 근데 너 그거 어느 신문에서 봤어? 조선일보야, 동아일보야?"
아들 "아니…. 신문은 아니고 유튜브에서 봤는데…."
나　"어떤 채널? KBS나 YTN 뉴스 채널이야?"
아들 "아니, 《가로세로연구소》인가…. 암튼 구독자 많은 채널이야."
나　"아, 기자가 취재한 게 아니라 그냥 유튜버가 말한 거구나? 증거 사진 같은 건 있었어?"

이 과정에서 상대방은 스스로 무언가 이상함을 느낀다.

‘어라? 내가 믿고 있는 이 거대한 사실이 왜 메이저 언론에
는 안 나오지? 고작 유튜버 한 명이 떠든 건가?’

내가 굳이 “그건 가짜야”라고 말하지 않아도, 스스로 출처
를 확인하는 과정에서 정보의 신뢰도가 붕괴되도록 유도하는
것이다. 이것이 가장 우아한 팩트체크 기술이다.

인지 부조화를 유도하라

너의 논리로 너를 깬다

#35

그들이 가장 중요하게 여기는 가치를 역이용하라

1020 세대 우파들이 가장 숭배하는 가치는 '공정' '안보' '능력주의'다. 민주당의 논리가 아니라 그들이 신봉하는 그들의 논리로 모순을 지적해야 뼈를 때릴 수 있다. 이를 '인지 부조화' 유발 전략이라고 한다.

Case 1 김건희 특검으로 공정무새 깨기

아들 "민주당 놈들 내로남불 역겨워요. 조국 장관 딸 표창장
    위조한 거 보세요."

나   "맞아. 위조는 나쁜 거지. 공정해야지. 그런데 아들아,
    너 주가 조작은 어떻게 생각해? 컴퓨터로 주식 가격
    조작해서 23억 원 버는 거. 그거야말로 개미 투자자들
    등쳐먹는 '불공정 끝판왕' 아니니?"

아들 "그, 그건 문재인 정부 때 털었는데 안 나온 거잖아요."

나   "아니, 공범들은 다 유죄 판결받았잖아. 근데 왜 영부
    인만 소환 조사도 안 받지? 시험 안 보고 대학 들어가
    는 거 싫어하잖아. 근데 왜 수사 안 받고 면죄부 받는
    건 괜찮아? 그게 네가 말하는 공정이야?"

아이는 혼란에 빠진다. 자신의 핵심 가치인 공정이 흔들리
기 때문이다.

Case 2 채 상병 사건으로 안보무새 깨기

친구 "그래도 안보는 보수지. 민주당은 빨갱이들이라 북한
    에 퍼주기만 하잖아."

나   "야, 너 해병대 나왔지? 군인 정신 좋아하잖아. 그런데

해병대 채 상병 사망 사건은 어떻게 생각해? 부하가 물에 빠져 죽었는데 사단장이 책임도 안 지고 도망갔어. 그걸 VIP가 격노하면서 지켜줬잖아.”

친구 “….”

나 “나라 지키다 죽은 병사의 억울함도 못 풀어주는 게 보수야? 부하를 소모품 취급하는 지휘관을 지켜주는 게 진짜 안보야? 내가 보기엔 그게 당나라 군대 같은데?”

안보를 중시하는 보수의 자부심을 건드려야 한다. ‘지금의 보수는 가짜’라는 인식을 심어주는 것이다. 이 대화법의 목표는 단판 승부로 상대를 굴복시키는 게 아니다. 그날 대화가 끝나고 집에 돌아가는 상대방의 신발 속에 ‘불편한 돌멩이’ 하나를 집어넣는 것이다.

‘어? 아빠 말이 좀 일리 있는데?’ ‘내가 믿던 유튜버가 진짜 사기꾼인가?’ ‘내 친구가 하는 말이 진짜 아니야?’

이 작은 의심이 시작되면, 알고리즘의 콘크리트 벽에는 금이 가기 시작한다. 가족과의 대화는 토론 배틀이 아니다. 끊어진 관계를 잇고 그들이 잃어버린 이성을 되찾아주는 치유의

과정이어야 한다. 화내지 말고 질문하라. 그리고 기다려라. 진
실이 그들의 내부에서 싹을 틔울 때까지.

혐오의 시대를
건너는 법

나는 왜 욕먹는 통역사가 되었나

#36

경계인의 고백

나는 2001년생, 24살이다. 90년대생과 00년대생의 경계에 서 있다. 동시에 나는 민주당원이다. 보수화된 또래 친구들에게는 "빨갱이 쁘락치"라고 욕을 먹고, 기성세대 당원들에게는 "요즘 애들은 왜 이렇게 이기적이냐"는 하소연을 듣는다. 양쪽에서 돌을 맞지만 나는 이 자리를 떠날 수 없다. 왜냐하면 누군가는 이 끊어진 다리를 이어야 하기 때문이다.

내가 이 책을 쓴 이유는 명확하다. 내 친구들은 일베충이나 괴물이 아니다. 그들은 '아픈 아이들'이다. 그들이 내뱉는 "누칼협" "알빠노"라는 잔인한 말은, 사실 "나 좀 살려줘" "내 고통을 알아줘"라는 비명을 쿨한 척 포장한 것일 뿐이다.

반대로 나의 부모님 세대 4050은 꼰대나 위선자가 아니다. 그들은 민주주의를 위해 청춘을 바쳤고, 자식들을 먹여 살리기 위해 뼈 빠지게 일한 고단한 어른들이다. 서로가 서로를 괴물로 보고 혐오하는 비극, 이 오해의 간극을 메우는 것이 바로 나, '세대 커뮤니케이터 정민철'의 소명이다.

혐오를 번역하다

나는 통역사다. 1020이 내뱉는 날 선 혐오의 언어를 4050이 이해할 수 있는 정책의 언어로 번역한다. "여가부 폐지해!"라는 그들의 고함은 "남성이라는 이유만으로 잠재적 가해자 취급받는 게 억울하다"는 호소로 번역되어야 한다. "틀딱들 연금 뺏어!"라는 패륜적인 말은 "나는 평생 집도 못 사는데 왜 내 월급 떼어가서 노인들을 배려하느냐"는 생존의 공포로 번역되어야 한다.

반대로 4050의 잔소리를 1020이 이해할 수 있는 언어로 번역한다. "라떼는 말이야"는 훈계가 아니라, "우리가 독재와 싸워서 얻어낸 자유가 너희에게도 공기처럼 주어지길 바란다"는 염원으로 전달되어야 한다. 오해를 걷어내면 그 자리에 연민이 남는다. 가려져 있던 연민이 드러나면 혐오는 멈춘다. 나는 그 기적을 믿는다.

혐오 비즈니스의 종말

혐오는 가장 강력한 마약이다. 정치 유튜버들은 이 마약을 팔아 슈퍼챗을 챙기고, 나쁜 정치인들은 이 마약을 뿌려 표를 얻는다. 하지만 마약에 취한 사회의 끝은 파멸뿐이다. 서울대 N번방 사건과 12.3 내란은 그 예고편에 불과하다.

우리는 이제 선택해야 한다. 알고리즘이 떠먹여 주는 대로 서로를 죽일 듯이 증오하며 각자도생의 지옥에서 살 것인가, 아니면 불편하더라도 얼굴을 마주 보고 대화하며 공존의 길을 찾을 것인가.

다시, 밥상머리에서 시작되는 혁명

나는 거창한 정치 개혁보다 더 시급한 것이 '저녁 식탁의 복원'이라고 믿는다. 스마트폰과 TV를 끄고, 가족이 둘러앉아 서로의 눈을 보고 이야기하는 시간. 아버지가 아들의 취업 걱정을 들어주고 아들이 아버지의 노후 걱정을 이해하는 그 짧은 시간 속에 대한민국을 치유할 모든 해법이 들어있다.

진실은 유튜브 쇼츠 15초 영상 속에 있지 않다. 내 가족의 한숨 소리, 내 친구의 떨리는 목소리 속에 있다. 이제 기계의 시간을 멈추고, 인간의 시간으로 돌아가자.

1020 청년들,
4050 부모들에게

당신들은 괴물이 아니다

나의 친구들에게 말하고 싶다. 너희가 냉소하고 혐오하는 것, 나는 이해한다. 단군 이래 가장 스펙이 뛰어나지만 부모보다 가난해질 첫 번째 세대. 성실함이 미덕이 아니라 '호구 짓'이 된 세상. 그래서 주식과 코인에 목숨 걸고, 페미니즘과 싸우고, 능력주의에 매달리는 너희의 모습은 생존을 위한 처절한 몸부림이라는 것을 안다.

하지만 친구들아, 냉정하게 보자. 네가 지하철에서 시위하는 전장연을 욕하고, 인터넷에서 여성들을 김치녀라고 조롱한다고 해서 네 월급이 오르니? 네 코인이 떡상하니? 서울에 집이 생기니? 아니다. 오히려 너희의 그 분노는 기득권들이 가장 좋아하는 먹잇감이 된다. "그래, 서로 물어뜯어라. 그래야 우리가 부동산 투기로 번 돈을 신경 안 쓰지."

너희의 분노는 정당하다. 하지만 그 화살 끝은 약자가 아니라, 이 불공정한 구조와 그 판을 만든 설계자들을 향해야 한다. 혐오는 너희를 구원하지 못한다. 그것은 너희를 고립시키고, 결국 너희가 그토록 경멸하던 '꽉 막힌 꼰대'보다 더 흉측한 괴물로 만들 뿐이다. 제발, 유튜브 알고리즘이 씌운 혐오의 안경을 벗고 진짜 세상을 직시하자. 우리는 더 똑똑해져야 한다.

가르치려 하지 말고, 안아주십시오

존경하는 선배님들, 그리고 부모님들. 당신들은 산업화와 민주화를 동시에 이룬 위대한 세대입니다. 하지만 자식 농사, 아니 '시민 농사'에는 실패했음을 아프게 인정해야 합니다.

아이들에게 좋은 대학 가라고 닦달했을 뿐, 좋은 시민이 되라고 가르치지 않았습니다. 부동산 불패 신화에 취해 자산을 불리는 동안, 아이들은 '돈이 최고'라는 물질만능주의를 뼛속 깊이 배웠습니다.

지금 아이들이 극우 유튜브에 빠진 것은 아이들이 멍청해서가 아닙니다. 그들의 불안을 들어주고 해소해 줄 '진짜 어른'이 주변에 없었기 때문입니다. 부모가 식탁에서 대화를 거부하고 훈계만 늘어놓을 때, 유튜버들은 "네 말이 다 맞아"라며 아이들의 뇌를 점령했습니다.

이제라도 늦지 않았습니다. 오늘 저녁, 집에 가서 아들에게 "너 왜 윤석열 지지해?"라고 따지지 말고, 대신 "요즘 사는 게 많이 힘들지? 우리가 미안하다"라고 말해주십시오. 그들이 겪는 박탈감을 인정해 주는 것, 그것이 대화의 시작입니다. 가르치는 선생이 아니라 함께 고민하는 멘토가 되어주십시오. 그때 비로소 아이들은 귀를 열고 여러분이 피땀 흘려 지켜온 민주주의의 가치를 받아들일 것입니다.

Chapter 5

민주주의를
위한
디지털 백신

너, 서울에 집 사고 싶지?
근데 좌파들이 재건축 막아서
집값 폭등시켰어. 화나지?
너, 좋은 대학 가고 싶지?
근데 쟤네가 쿼터제로 네 자리
뺏어서 멍청한 애들 입학시켰어.
억울하지?

페미니즘 때문에 남자가
손해 본다고 생각하지?
내가 너 대신 시원하게
욕해 줄게. 네가 나쁜 게
아니야.
세상이 잘못된 거야.
너는 피해자야.

너희가 힘든 건
너희 탓이 아니야.
페미니즘과 586 꼰대들
때문이야.

너희는 역차별당하는
피해자야.

애는 왜 자극적인
말만 하지?
증거가 있나?
저희는 도로만 깔았을
뿐입니다. 운전은 저
사람들이 했는데요?
저희한테 책임을 묻지
마세요. 그건 '표현의
자유' 침해입니다.

의원님, 그건 저희가 의도한 게
아니라 AI 알고리즘이 이용자의
취향을 분석해 자동으로 추천한
것입니다.
알고리즘은 고도화된 기술이라
저희도 일일이 손댈 수 없습니다.

계몽하려 드는 진보, 욕망을 자극하는 보수

문제 해결은 어렵고, 분노는 쉽다

#37

너희는 틀렸고, 우리는 옳다

지난 10년간 온라인 여론전에서 민주당과 진보 진영은 처참하게 패배했다. 왜일까? 유튜버 숫자가 부족해서? 돈이 없어서? 아니다. 대중을 대하는 태도가 근본적으로 틀렸기 때문이다.

진보의 언어는 언제나 계몽의 형식을 띤다. "역사를 잊은 민족에게 미래는 없다." "깨어 있는 시민이 되어라." "혐오는 나쁜 것이니 하지 마라." 이 말들은 교과서적으로는 옳다. 하지만 듣는 사람, 특히 생존 경쟁에 내몰린 1020에게는 지겨운 도덕적 훈계이자 꼰대질로 들린다. 선생님이 학생을 내려다보며 가르치려 드는 그 위압적인 시선. "너희는 무지하니까 내가 가르쳐 줄게"라는 엘리트주의적 오만이 깔려 있다. 대중은 본능적으로 가르치려 드는 사람을 싫어한다. 특히 그 선생님이 뒤로는 자기 자식만 챙기는 '내로남불'을 보였을 때는 더더욱 그렇다.

너, 부자 되고 싶지?

반면 보수, 특히 극우 유튜버의 언어는 철저하게 욕망을 자극한다. 그들은 도덕군자처럼 굴지 않는다. 그들은 철저한 장사꾼이다. 그들은 이익과 분노를 판다.

"서울에 집 사고 싶지? 근데 좌파들이 재건축 막아서 집값 폭등시켰어. 화나지?" "너, 좋은 대학 가고 싶지? 근데 쟤네가 쿼터제로 네 자리 뺏어서 멍청한 애들 입학시켰어. 억울하지?" "페미니즘 때문에 남자가 손해 본다고 생각하지? 네가 맞아. 내가 대신 시원하게 욕해 줄게."

     5부. 민주주의를 위한 디지털 백신

그들은 대중의 가장 밑바닥에 있는 솔직한 욕망, 열등감, 박탈감을 긍정해 준다.

"네가 나쁜 게 아니야. 세상이 잘못된 거야. 너는 피해자야."

이 달콤한 위로와 자극적인 MSG 앞에서, 진보 진영의 유기농 샐러드 같은 훈계는 경쟁력을 잃는다. 우리가 추상적인 '정의'를 외칠 때, 그들은 구체적인 '네 밥그릇'을 이야기했다. 정의는 멀고, 밥그릇은 가깝다. 전쟁의 승패는 여기서 갈렸다.

긴 글과 엄숙주의를
버려라

숏폼 시대의 새로운 문법

#38

세 줄 요약 좀

민주당 의원들의 페이스북이나 블로그를 들어가 보라. 하나같이 비장하다. 그리고 지독하게 길다. "존경하는 국민 여러분"으로 시작해서 A4 용지 두 장 분량의 성명서를 올린다. 문장은 만연체고 단어는 '담론' '시대정신' 같은 현학적 어휘로 가득하다. 이걸 스마트폰으로 틱톡을 보는 10대들이 읽을까? 절대 안 읽는다.

지금은 숏폼의 시대다. 15초 안에 승부를 보지 못하면 스크롤은 가차 없이 넘어간다. '기승전결'은 낡은 문법이다. '결 - 승 - 전'으로 가야 한다.

진보 진영은 설명하고 싶어 안달이 났다. 전후 맥락을 이해 시키려 하고, 오해를 풀고자 구구절절 설명을 늘어놓는다. 이를 인터넷 용어로 '설명충'이라고 한다. 해명은 짧게, 공격은 날카롭게 하자. "그게 사실이 아닌 이유는 첫째, 둘째…"라고 말하는 순간 이미 진 것이다. "개소리입니다. 증거? 여기 있습니다"라고 3초 만에 끝내야 한다.

엄숙주의라는 족쇄

진보 진영을 옭아매는 또 하나의 족쇄는 '엄숙주의'다. 정치는 진지해야 하고, 사회문제는 심각하게 다뤄야 한다는 강박. 그래서 유머와 풍자를 가볍고 저급한 것으로 취급한다. 누군가 정치인을 소재로 재미있는 밈을 만들면 "지금 상황이 얼마나 심각한데 장난치냐"고 면박을 준다.

그 사이 극우 커뮤니티는 거대한 놀이터가 되었다. 그들은 노무현 전 대통령을 합성의 소재로 사용하고 세월호 유가족을 조롱하며 낄낄거린다. 그것은 분명 끔찍한 범죄지만 아이들에게는 재밌는 콘텐츠이자 놀이 문화로 소비된다.

악을 이기려면 선도 재밌어야 한다. 힙하고 쿨하고 유쾌한 진보가 필요하다. 윤석열 정부의 무능을 A4 성명서로 비판하지 말고 15초짜리 춤과 노래로 조롱할 수 있어야 했다. 풍자는 역사적으로 약자의 가장 강력한 무기였다. 왜 우리는 그 무기를 스스로 버리고 점잖은 척하고 있는가?

민주 진영에 제안한다

블루 알고리즘 생태계 구축 전략

#39

스피커가 아니라 생태계를 키워라

민주당은 위기가 닥치면 항상 '스타 플레이어'를 찾는다. 최욱 앵커 같은 걸출한 스피커 한 명이 판을 뒤집어주길 기대한다. 하지만 이것은 매우 위험한 전략이다. 스피커 한 명만 공격당해 무너지면 진영 전체의 입이 막히기 때문이다.

이제는 '생태계'를 만들어야 한다. 민주 진영에 대형 유튜버는 이미 충분히 많다. 1만 유튜버 100명을 키워 세계관을 안정적으로 운영해야 한다. 정치 고관여층만 보는 시사 방송이 아니라, 게임, 뷰티, 요리, 브이로그 등 다양한 분야의 '진보적 인플루언서'들이 나와야 한다. 평소에는 게임 방송을 하다가 선거철에 "야, 이번에 투표 안 하면 우리가 하는 게임이 정신 질병이 된다"고 툭 던지는 한 마디. 그것이 10대들에게는 매불쇼의 3시간 방송보다 더 강력하게 박힌다. 이것이 내가 제안하는 '블루 알고리즘'이다.

고립된 섬, 정민철

지금 디지털 최전선에서 극우 유튜버들과 매일같이 피 터지게 싸우는 2030 청년 활동가가 있는가? 냉정하고 뼈아프게 고백하겠다. 없다. 사실상 나 혼자다. 눈을 씻고 찾아봐도 1020의 언어로, 그들의 문법으로, 그들의 속도로 인스타그램에서 극우와 맞서 싸우는 스피커는 이 황량한 벌판에 나 정민철 하나뿐이다. 나는 지금 사방이 적으로 둘러싸인 고립된 섬에서 외로운 백병전을 치르고 있다.

민주당은 착각하고 있다. 어딘가에 청년 논객들이 숨어서 싸우고 있을 거라고 생각한다. 천만의 말씀이다. 우파 진영에는 《그라운드C》《윤루카스》《가재맨》《가로세로연구소》를 보고 자란 키즈들이 군단을 이루고 있지만 우리 진영의 청년들은 혐오가 무서워서, 신상이 털릴까 봐 침묵하고 있다.

그래서 지금 필요한 것은 지원이 아니라 발굴이다. 이미 있는 1020 선수가 없으니 모두가 곡괭이를 들고 뛰어들어 땅속에 묻혀 있는 원석을 찾아내야 한다. 정치를 잘 모르는 게임 유튜버, 입담 좋은 뷰티 인플루언서, 랩을 하는 고등학생…. 이들 중에 잠재력을 가진 아이들을 미친 듯이 찾아내야 한다.

우파는 돈 냄새를 맡고 알아서 독버섯처럼 자라났지만 우리는 척박한 토양 탓에 저절로 자라지 않는다. 그러니 우리가 직접 기획하고 육성해야 한다. 제2, 제3의 정민철을 땅속에서 캐내어 그들에게 갑옷을 입히고 정교한 논리를 무기로 쥐여 전선에 내보내야 한다. 나 혼자로는 막을 수 없다. 나보다 더 강력한 스피커들을 발굴해 군단을 만드는 것. 그것만이 이 기울어진 운동장을 바로잡을 유일한 생존 전략이다.

다음으로 민주당과 진보 진영에 제안한다. 어쩌면 지방선거 청년 공천 가산점보다 더 중요한 청년 인재 양성 방안이 될 수 있다. '디지털 정치 스피커'들을 위한 실질적인 육성 및 보호 방안을 만들자. 가짜뉴스와 싸우다 고소당했을 때 지켜줄 법률 지원단, 양질의 콘텐츠를 만들 수 있도록 돕는 스튜디오와 장비 지원, 알고리즘을 분석하고 대응 논리를 개발하는 싱

크탱크가 필요하다.

나도 계정을 운영한 뒤로 수십 차례의 고소 고발을 당하고, 또 하고 있다. 나야 국회에서 일해봤고 법과 상대적으로 가깝기 때문에 버틸 수 있었지만 일반 청년들이 버틸 수 있겠는가? 싸울 의지가 없는 청년들에게 가서 싸우라고 등 떠밀지 말고, 가능성이 있는 이들을 전사로 키워 갑옷과 무기를 쥐여주자. SNS 플랫폼이 기울어진 운동장이라면, 적어도 우리 선수들이 미끄러지지 않을 축구화는 신겨줘야 할 것 아닌가.

계산기 두드리는 민주당과
공포 영화 찍는 국민의힘

무지성 혐중, 멸공 외치면 인기 정치인이 된다

#40

진심이 왜 닿지 않을까

지난 총선 직후, 민주당의 한 의원실에서 보좌진들과 회의를
할 때였다. 의원은 책상 위에 놓인 두꺼운 정책 자료집과 엑
셀 데이터를 바라보며 깊은 한숨을 내쉬었다. "정 위원, 이거
봐. 우리가 청년 교통비 지원 예산 늘렸지, 청년 월세 지원도
했지, 군 장병 월급 인상도 우리가 주도했잖아. 데이터로 보면
우리가 20대 남성들 삶을 위해 정말 많이 노력했어. 그런데 왜
청년들은 우리를 차갑게 대하고, 심지어 아무것도 안 해준 보

수 정당을 지지하는 걸까. 도대체 우리의 진심이 왜 닿지 않는 걸까?"

그의 표정에는 억울함보다는 답답함과 안타까움이 가득했다. 나는 그 의원이 얼마나 성실하게 의정 활동을 했는지 안다. 민주당의 많은 정치인은 정치가 결국 사람의 마음을 얻는 일이라는 것을 누구보다 잘 알고 있다. 그들은 늘 현장에서 시민의 손을 잡고 눈을 맞춘다.

하지만 문제는 그 '현장'의 정의가 달라졌다는 데 있었다. 나는 조심스럽게 입을 열었다. "의원님의 진심과 성과는 확실합니다. 다만 지금 청년들이 그 진심을 확인하는 통로가 완전히 바뀌었습니다. 의원님은 꼼꼼한 엑셀 파일로 진심을 보여 주려 하시지만, 지금 청년들은 스마트폰 속에서 공포 영화를 보고 있거든요."

민주당의 패착은 '정치를 몰라서'가 아니었다. 도파민과 숏폼의 시대에 어떻게 내 마음을 전달해야 하는지, 그 새로운 문법이 낯설었던 것이다. 과거에는 진심을 꾹꾹 눌러 담은 긴 편지가 통했지만 지금은 15초 안에 승부를 보지 못하면 진심조차 '스킵당하는' 시대가 되었다. 우리는 너무 늦게 깨달았다.

10년 전의 경고

사실 이 변화의 조짐은 이미 오래전부터 감지되었다. 10년 전부터 황희두 노무현재단 이사, 오창석 청년재단 이사장 같은 청년 스피커들이 줄기차게 경고의 목소리를 냈었다. "의원님, 이제 조직표와 오프라인 유세만으로는 안 됩니다. 온라인 커뮤니티와 유튜브에서 보이지 않는 내러티브 전쟁이 벌어지고 있습니다. 일베의 혐오 논리가 유튜브 알고리즘을 타고 아이들의 뇌를 잠식하고 있습니다."

그들은 SNS 여론전이 단순한 홍보 수단이 아니라 '가치관 전쟁의 최전선'임을 강조했다. 하지만 당시 민주당은 익숙한 승리 공식에 머물러 있었다. 기존의 레거시 미디어 대응과 조직화에는 능했지만, 1분 미만의 숏폼 영상과 인터넷 밈이 지배하는 새로운 생태계는 너무나 낯선 영역이었다.

진심을 다해 일하면 언젠가 알아줄 것이라는 민주당 특유의 '성실함에 대한 믿음' 때문에 우리는 디지털 전장에서의 대응을 늦췄고, 그 결과 현재 10대들의 마음속 영토를 보수 유튜버들에게 내어주고 말았다. 우리가 묵묵히 일하는 동안, 상대는 자극적인 확성기로 아이들의 귀를 사로잡은 것이다.

팩트는 잊혀지지만, 이야기는 남는다

민주당의 홍보물은 언제나 '성실한 보고서'다. "2025년 예산안 3조 원 증액 달성. 청년 일자리 5만 개 창출 효과 기대." 이 문구에는 거짓이 없다. 하지만 감동도 없다. 숏폼 시대의 유권자들에게 이 문구는 너무나 복잡하고 지루한 활자일 뿐이다.

반면 보수 유튜버들의 메시지는 강렬한 공포 서사다. "좌파 기득권이 청년들의 사다리를 걷어차고 있다. 무너진 공정을 바로잡을 영웅은 바로 당신이다." 그들은 수치를 제시하는 대신 분노와 박탈감이라는 감정을 건드린다.

인간의 뇌 구조는 스토리 형태의 정보를 건조한 사실보다 무려 22배 더 잘 기억하게 설계되어 있다고 한다. 민주당이 팩트를 기반으로 '행정적 성과'를 증명하려 애쓸 때, 보수 진영은 청년들의 뇌 속에 강력한 '영웅 서사시'를 상영하고 있었던 것이다. 우리는 옳은 말을 했지만 들리는 말은 하지 못했다.

피해자 서사라는 치트키

이 내러티브 전쟁에서 보수가 청년 남성들의 마음을 훔친 비결은 그들에게 '피해자'라는 지위를 부여했기 때문이다. 힘들어도 참아야 했던 청년들에게 보수 유튜버들은 속삭였다.

"너희가 힘든 건 너희 탓이 아니야. 페미니즘과 586 꼰대들 때문이야." "너희는 역차별당하는 피해자야."

이 한마디는 그동안 억눌려왔던 청년들의 감정을 폭발시키는 기폭제가 되었다. 그들이 만든 영화 속에서 윤석열이나 보수 정치인은 그들의 억울함을 풀어줄 '다크 히어로'로 등장했다. 다소 거칠고 투박하더라도 내 편을 들어주고 내 적을 공격해 주는 시원함. 도파민 시대의 유권자들은 논리적인 설명보다 직관적인 '사이다 서사'에 열광했다.

나는 의원님에게 간곡히 말씀드렸다. "의원님, 이제 엑셀 파일은 잠시 접어두고, 우리도 이야기를 시작해야 합니다." 민주당의 진심이 잘못된 것은 아니다. 다만 그 진심을 전달하는 그릇을 바꿔야 한다. 성실하게 일하는 일꾼의 이미지를 넘어 내 욕망을 이해하고, 내 앞길을 막는 불공정과 시원하게 싸워주는 해결사의 서사를 입어야 한다.

우리는 설명하려 하지 말고 보여줘야 한다. 우리의 정책이 당신의 삶을 어떻게 드라마틱하게 바꿀 수 있는지 한 편의 영화처럼 그려내야 한다. 정치는 마음을 얻는 기술이다. 그리고 그 마음을 여는 열쇠는 이성과 논리가 아니라 감성과 재미에 있다. 민주당은 이제 이 새로운 전쟁터의 룰을 받아들이고 다시 청년들의 가슴을 뛰게 만들어야 한다.

미디어 리터러시

공부가 아니라 호구 방지술이다

학교에서 가르치는 리터러시는 죽었다

지금 대한민국 공교육 현장에서 이루어지는 미디어 리터러시 교육의 실태를 보면 한숨만 나온다. 교단에 선 선생님들은 아이들에게 이렇게 가르친다. "여러분, 인터넷 정보는 비판적으로 수용해야 해요." "가짜뉴스는 나쁜 거니까 출처를 꼭 확인하세요." "혐오 표현은 민주 시민으로서 지양해야 합니다."

틀린 말은 하나도 없다. 하지만 이 말을 듣는 10대들의 반응은 어떨까? 100이면 100, 하품을 하거나 엎드려 잔다. 왜냐하면 아이들에게 이 말은 도덕 교과서에나 나오는 지루한 훈계이거나 또 하나의 수행평가 숙제로 들리기 때문이다.

유튜브와 틱톡은 1초마다 도파민을 뿜어내며 아이들의 뇌를 자극하는데 학교에서는 조선시대 서당 훈장님 같은 소리만 하고 있다. "착한 어린이는 가짜뉴스를 보지 않아요"라는 식의 진부한 도덕적 접근은 이미 자극적인 맛에 길들여진 아이들에게 아무런 면역력도 주지 못한다. 이것은 교육이 아니라 일종의 '직무 유기'다.

시민의 교양이 아니라 생존 기술

교육의 프레임을 완전히 뜯어고쳐야 한다. 미디어 리터러시는 훌륭한 민주 시민이 되기 위한 교양이 아니다. 이 야만의 알고리즘 정글에서 내 돈과 내 뇌를 지키기 위한 생존 기술이자 호구 방지술로 정의해야 한다.

요즘 1020 세대가 가장 싫어하는 인간상이 무엇인가. 나쁜 사람? 아니다. 바로 '호구'다. 남에게 이용당하고, 손해 보고, 가스라이팅 당하는 것을 죽기보다 싫어하는 세대다. 우리는 바로 이 손해 회피 심리와 자존심을 건드려야 한다.

정민철식 리터러시 교육

내가 강연장에 가서 아이들에게 쓰는 화법은 학교 선생님들과 정반대다. 나는 도덕을 말하지 않는다. 나는 그들의 '자존심'을 긁는다.

[강연 현장 예시] "야, 너희 뉴스에서 보이스피싱 당해서 전 재산 날린 할아버지들 보면 무슨 생각 들어? '아유, 답답해라. 저 뻔한 걸 왜 속지?' 하면서 혀를 차잖아. 근데 그거 알아? 지금 너희가 딱 그 꼴이야. 아니, 더 심각해."

아이들의 눈빛이 달라진다.

"너희가 맨날 보는 그 극우 유튜버 형들 있지? 걔네가 썸네일에 '충격' '경악' '대한민국 곧 망합니다' '중국에 넘어갑니다' 이렇게 달아놓으면 너희는 홀린 듯이 클릭하지? 근데 그 '나라 망한다'는 소리, 너희한테만 하는 말인 줄 알아? 1997년 김대중 당선됐을 때도 적화통일 된다고 했고, 노무현 때도 나라 망했다고 했고, 문재인 때도 공산화된다고 했어. 그리고 지금 이재명 대통령 때도 토씨 하나 안 틀리고 똑같이 떠들고 있어. 30년째야. 30년 동안 나라가 망한다, 망한다 했는데 대한민국이 망했냐?

오히려 선진국 되고 국방력 세계 5위 됐잖아. 너희가 지금 새로운 정보라고 믿고 있는 거 사실은 너희 아빠, 할아버지 때부터 써먹던 다 쉰 떡밥이라고. 그 낡은 레퍼토리에 또 속는 거야.”

나는 잠시 뜸을 들였다가 쐐기를 박는다.

“너희가 그 영상 보면서 흥분하고 친구들한테 공유하고 싸우는 동안 그 유튜버는 너희가 올려준 조회수로 포르쉐 뽑고 강남 아파트 산다. 걔네가 진짜 애국자라서 그럴까? 아니야. 너희 분노를 돈으로 바꾸는 ‘감정 사기꾼’들이야. 보이스피싱 당하는 할아버지는 돈만 잃었지, 너희는 뇌세포랑 시간까지 털어가며 돈 쥐여준 거야. 30년 묵은 사기 수법에 당해서 남 좋은 일만 시켜주는 거, 그게 호구가 아니면 뭐냐?”

이 말을 들은 아이들의 표정은 굳어진다. 분노가 인다. 그리고 그 분노의 방향이 바뀐다. ‘좌파’가 아니라 ‘낡은 수작으로 나를 이용해 먹는 사기꾼’에게로.

        5부. 민주주의를 위한 디지털 백신

의심하지 않으면 지갑이 털린다

이 '호구 방지' 프레임이 작동하기 시작하면, 아이들은 시키지 않아도 스스로 팩트체크를 시작한다. 왜? 속는 게 쪽팔리니까. 내가 멍청해서 이용당했다는 사실을 인정하기 싫으니까.

"이 유튜버가 말하는 게 진짜일까? 혹시 나 낚아서 돈 벌려는 거 아냐?" "얘는 왜 자극적인 말만 하지? 증거가 있나?"

이 건강한 의심이 싹트는 순간, 알고리즘의 최면은 풀린다. 교육은 고상할 필요가 없다. 가장 원초적인 욕망을 건드려야 한다. '똑똑한 놈은 의심하고, 멍청한 놈은 믿는다.' 이 간단한 명제를 아이들의 머릿속에 심어주는 것. 이것이 내가 제안하는 '정민철식 미디어 리터러시'의 핵심이다.

민주당과 진보 교육감들에게 제안한다. 학교에 팩트체크 동아리를 만들어서 생기부 점수를 주는 것도 좋다. 모범생들만 하겠지만 그것이 더 중요하다. 팩트체크 동아리를 하는 게 멋있는 일처럼 보여야 한다. 그리고 더해서 아이들에게 '정신적 주짓수'를 가르쳐라. 거짓 정보를 던지는 상대를 어떻게 메치고 그 논리의 허점을 어떻게 꺾어버릴지, 그 기술을 가르쳐

라. '팩트체크를 잘하면 친구들 사이에서 말발이 서고 누구한 테도 무시당하지 않는 스마트한 리더가 될 수 있다'는 인식을 심어줘야 한다.

미디어 리터러시는 이제 교양이 아니다. 내 영혼을 해킹하려는 세력으로부터 나를 지키는 '디지털 호신술'이다. 이 무기를 아이들의 손에 쥐어주지 않는다면 우리는 다음 세대를 영영 알고리즘의 노예로 뺏기게 될 것이다.

다시, 밥상머리로

식탁은 가장 강력한 정치 학교

#42

민주주의는 광장이 아니라 식탁에서 완성된다

우리는 광화문에 모인 수백만의 촛불이 민주주의의 승리라고 착각했다. 하지만 그 뜨거웠던 광장의 수백만이 정작 집에 돌아가서는 자식과 눈을 맞추고 대화 한마디 나누지 못한다면? 그 민주주의는 '속 빈 강정'이다.

지난 대선과 총선의 패배를 복기해 보자. 패배는 투표소에서 결정된 것이 아니다. 각 가정의 저녁 식탁에서 이미 결정난 것이었다. 4050 부모 세대는 자녀를 좋은 대학에 보내기 위해 학원비로는 수억 원을 썼지만, 정작 자녀와 가치관을 공유하고 시대의 아픔을 나누는 데는 단 10분도 쓰지 않았다.

"아빠가 밖에서 민주주의 지키고 올 테니까, 너는 방에 가서 공부나 해." 이 말 한마디가 비극의 씨앗이었다. 부모가 비워둔 그 멘토의 자리를 자극적인 극우 유튜버들이 차지했다. 아이들은 식탁이 아닌 스마트폰 속에서 세상을 배웠고, 그 결과 부모를 '위선적인 꼰대'로 인식하게 되었다.

가르치기를 멈추고 연결하기

밥상머리 교육을 복원하라고 하면, 많은 아버지는 또다시 실수를 범한다. 식탁에 앉자마자 일장연설을 시작하는 것이다. "라떼는 말이야, 독재랑 싸우느라 얼마나 힘들었는지 아냐? 너희는 편하게 커서 세상을 몰라."

제발, 멈춰야 한다. 그것은 대화가 아니라 고문이다. 아이들이 방문을 걸어 잠그는 이유다. 진정한 밥상머리 교육은 가르치는 것이 아니라 연결하는 것이다. 이를 위한 핵심 기술은 질문과 경청이다.

[나쁜 대화] "너 그런 이상한 유튜브 좀 보지 마. 다 가짜뉴스야." (판단, 비난)

[좋은 대화] "아들, 요즘 친구들은 학교에서 어떤 유튜버 이야기를 제일 많이 해? 아빠는 네 세대 이야기가 진짜 궁금해서 그래." (호기심, 존중)

[좋은 대화] "너는 여가부 폐지 이슈에 대해 어떻게 생각해? 아빠랑 생각이 다를 수도 있어. 네 솔직한 의견을 듣고 싶다." (수평적 태도)

네가 보수를 지지해도, 아빠는 너를 사랑해

이 대화의 목표는 아들을 민주당 지지자로 전향시키는 것이 아니다. 신뢰를 회복하는 것이다. 부모가 내 말을 평가하거나 혼내지 않고 진지하게 들어준다는 믿음이 생길 때, 아이는 비로소 마음의 빗장을 푼다. "아, 아빠가 꼰대인 줄 알았는데, 내 고민을 들어주네? 그럼 아빠가 말하는 그 역사 이야기에도 뭔가 이유가 있겠구나." 그리고 부모의 이야기에도 귀를 열기 시작한다. "아빠는 민주당을 지지하지만, 네가 보수를 지지해도 괜찮아. 우리, 서로 왜 그렇게 생각하는지 이야기해 볼까?"

이 한마디가 식탁 위에서 오가는 순간 유튜브 알고리즘의 강력한 세뇌는 풀리기 시작한다. 알고리즘은 혐오와 분열을 먹고 자라지만 가족은 본질적으로 사랑을 기반으로 하기 때문이다. 사랑은 혐오보다 강하다. 단, 우리가 꼰대의 갑옷을 벗고 먼저 손을 내밀 때만 그렇다.

눈높이를 맞춰라

마지막으로 민주당에 간곡히 호소한다. 진짜 표밭은 아이들이 24시간 살고 있는 인스타그램 속에, 틱톡 속에, 그리고 매일 저녁 가족이 마주 앉는 밥상머리에 있다.

정책으로만 세상을 바꾸는 건 한계가 있다. 매력적인 이야기로 세상을 바꾸자. 가르치려 들지 마라. 대화하고 싶은 파트너가 되어라. 그리고 제발 10대들이 노는 곳에서 그들의 언어로, 그들의 눈높이에서 민주당 이야기를 할 사람을 키워내자.

전쟁은 이미 시작됐다. 총칼이 아닌 스마트폰과 내러티브가 오가는 이 전쟁에서 낡은 교과서만 붙들고 있는 당신들은 지금 전멸 직전이다. 이제 계산기를 끄고 진짜 사람의 마음을 얻는 여정을 시작해야 한다.

디지털
무법지대의 종말

유럽과 호주의 결단

#43

교통신호 없는 고속도로의 톨게이트 주인들

지금의 유튜브, 인스타그램, 틱톡, 트위터(X) 같은 거대 플랫폼을 한마디로 정의하자면 교통신호도, 속도 제한도 없는 고속도로와 같다. 이 도로 위에서는 매일 끔찍한 사고가 벌어진다. '가짜뉴스'라는 폭주족들이 중앙선을 침범해 질주하고 '딥페이크 성범죄'라는 뺑소니 차량이 죄 없는 사람을 치어 죽인다. 혐오를 실은 트럭들이 독극물을 도로 곳곳에 뿌리고 다닌다.

그런데 이 고속도로의 주인들은 사고 현장을 수습하기는커

넝 톨게이트에서 폭주족들이 내는 통행료를 챙기며 웃고 있다. 피해자가 살려달라고 비명을 질러도 그들은 이렇게 변명한다.

이 얼마나 뻔뻔하고 기만적인가? 도로에 구멍이 나서 사고가 나면 도로공사가 배상한다. 식당에서 상한 음식을 팔아 배탈이 나면 식당 주인이 처벌받는다. 그런데 왜 유독 플랫폼 기업만 이 거대한 사회적 재난 앞에서 면죄부를 받는가? 이제 "우리는 중개자일 뿐이다"라는 낡은 변명은 통하지 않는다. 전 세계가 이 디지털 무법지대를 끝내기 위해 칼을 빼 들었기 때문이다.

유럽의 회초리 DSA

가장 먼저 빅테크 기업의 멱살을 잡은 건 유럽연합이었다. 그들은 '디지털 서비스법(Digital Service Act)'이라는 강력한 회초리를 들었다. 법의 핵심은 아주 단순하고 명확하다. "너희 플랫폼에서 불법·유해 콘텐츠가 돌아다니는데 방치했어? 그렇다면 너희 글로벌 매출의 6%를 벌금으로 뜯어가겠다."

이건 푼돈이 아니다. 구글이나 메타 같은 기업에게 매출의 6%는 수조 원, 수십조 원에 달하는 천문학적인 금액이다. 기업에게 가장 무서운 형벌은 '금융 치료'다. 이 법이 시행되자 빅테크 기업들은 태세를 전환했다. 그동안 "인력이 부족하다"며 버티던 그들이 유럽 지역에 유해 콘텐츠 감시 인력을 대거 투입하고, 알고리즘을 수정했다. 돈이 걸리니 움직인 것이다.

그런데 한국은? 여전히 "기업의 자율 규제에 맡기겠다"며 눈치만 보고 있다. 고양이에게 생선을 맡기는 꼴이다. 수익이 최우선인 기업에게 스스로 돈 벌 기회를 포기하고 착해지라고 부탁하는 건 순진한 게 아니라 멍청한 거다. 이제 우리에게도 '한국형 DSA'라는 강력한 회초리가 필요하다.

호주의 초강수, 16세 미만은 SNS 금지

2024년 말에 호주는 전 세계를 충격에 빠뜨린 법안을 통과시켰다. 바로 '16세 미만 청소년의 SNS 이용 전면 금지' 법안이다. 틱톡, 인스타그램, 페이스북, 트위터(X) 등을 16세 미만 아이들이 사용할 경우 플랫폼 기업에 최대 450억 원의 벌금을 부과하겠다는 내용이다.

물론 논란은 있었다. "국가가 개인의 자유를 너무 침해하는 것 아니냐" "우회 기술을 쓰면 그만이다"라는 비판도 나왔다. 하지만 호주 총리의 발언은 이 법의 본질을 꿰뚫는다. "SNS는 우리 아이들의 정신 건강을 해치는 흉기다. 우리는 아이들을 위해 뭐라도 해야 한다."

호주 정부는 SNS를 술이나 담배, 도박과 같은 '규제 대상'으로 규정한 것이다. 아직 뇌가 자라고 있는 아이들에게 무한 스크롤과 알고리즘 추천은 알코올보다 더 치명적인 중독 물질이다. 아이들이 틱톡 챌린지를 하다가 죽고, 인스타 때문에 거식증에 걸리는데 '자유' 타령만 하며 방치하는 국가는 직무 유기를 하는 것이다.

또한 호주는 갑작스럽게 해당 법안을 통과시킨 것이 아니다. 호주는 2015년, 세계 최초로 온라인상의 안전만을 전담하는 정부 기관인 'eSafety Commissioner'를 설립했다. 이 기관은 단순히 권고에 그치는 곳이 아니라 법적 구속력을 가진 독립 규제 기구다. 2021년 온라인 안전법을 통해 빅테크 기업에 유해 콘텐츠 삭제 명령을 내리고 이를 어길 시 막대한 벌금을 부

    5부. 민주주의를 위한 디지털 백신

과할 수 있는 실질적인 칼을 쥐게 되었다.

또한 쇼츠, 릴스 등 알고리즘 기반 서비스가 등장할 때마다 그 위험성을 데이터로 분석하고, 플랫폼 기업들이 설계 단계부터 안전을 준수하도록 압박해 온 역사가 있다. 이러한 과정을 토대로 수년간 쌓인 피해 사례 데이터와 부모 단체의 강력한 지지가 규제 기관을 통해 결집되었다. 그로 인해 형성된 호주 사회의 공통된 인식이 '16세 미만 SNS 금지법'으로까지 연결된 것이다.

대한민국도 호주의 이 결기를 배워야 한다. 당장 전면 금지가 어렵다면 적어도 '청소년 계정의 알고리즘 추천 차단' '강력한 본인 인증제' '밤 10시 이후 청소년 접속 차단' 같은 최소한의 안전장치라도 즉각 도입해야 한다. 플랫폼 기업의 영업의 자유가 우리 아이들의 생존권보다 우선할 수는 없다. 이 당연한 상식이 통하는 디지털 세상을 만드는 것, 그것이 5부 민주주의를 위한 디지털 백신의 목표다.

알고리즘 투명성 위원회

블랙박스를 열어라

#44

AI가 알아서 추천해서 우리도 몰라요

매년 국정감사 때마다 불려 나오는 구글, 틱톡, 메타의 한국 지사 대표들이 하는 단골 멘트가 있다. 의원들이 "왜 청소년에게 선정적이고 폭력적인 영상을 추천합니까?"라고 물으면 그들은 세상 억울한 표정으로 답한다.

"의원님, 그건 저희가 의도한 게 아니라 AI 알고리즘이 이용자의 취향을 분석해 자동으로 추천한 것입니다. 알고리

　　　　　　　　5부. 민주주의를 위한 디지털 백신

즘은 고도화된 기술이라 저희도 일일이 손댈 수 없습니다.”

이 말은 새빨간 거짓말이자 인류 역사상 가장 무책임한 변명이다. 알고리즘은 하늘에서 뚝 떨어진 신의 계시가 아니다. 철저하게 인간이 코딩한 ‘명령어의 집합’이다. 그 명령의 핵심은 무엇인가? ‘진실을 알려줘라’ ‘유익한 정보를 줘라’가 아니다. ‘무조건 이용자를 오래 붙잡아둬라’ ‘무조건 광고를 많이 보게 해라’다.

개발자들은 이 목표를 달성하기 위해 인간의 뇌가 가장 반응하기 쉬운 ‘분노’ ‘혐오’ ‘선정성’을 우대하도록 알고리즘을 설계했다. 그래놓고 이제 와서 “AI가 한 일이라 우린 모른다”고? 이것은 마치 급발진 결함이 있는 자동차를 팔아놓고 사고가 나자 제조사가 “엔진이 너무 복잡해서 우리도 왜 튀어나갔는지 몰라요”라고 말하는 것과 똑같다. 이런 제조사는 문을 닫게 해야 한다.

식당 주방에도 위생 점검은 들어간다

알고리즘을 규제하려 하면 기업들은 ‘영업 비밀’이라며 거품을 문다. "알고리즘 코드를 공개하라는 건 코카콜라 제조법을 공개하라는 것과 같습니다. 기업 죽이기입니다!"

우리는 그들의 '비법 소스'를 내놓으라고 하는 게 아니다. 우리가 요구하는 건 '위생 점검'이다. 맛집이 비법 육수 레시피는 공개하지 않더라도 구청 위생과 공무원이 주방에 들어가서 쥐가 돌아다니지는 않는지, 썩은 재료를 쓰지는 않는지 점검하는 것은 당연한 의무다. 왜냐하면 손님의 건강이 걸려 있기 때문이다.

나는 대통령 직속 혹은 방미통위 산하에 '알고리즘 투명성 위원회' 설치를 강력히 제안한다. 이 위원회는 외부 전문가로 구성되며 다음과 같은 권한을 가져야 한다.

편향성 테스트: 특정 정치 성향이나 혐오 표현을 의도적으로 증폭시키는 로직이 있는지 점검.

청소년 안전 점검: 10대 계정에 마약, 도박, 자해, 성착취물이 추천되는 경로를 추적.

설명 요구: 왜 이 영상이 100만 명에게 추천되었는지, 그 기준을 소명하라고 요구.

코드를 전 국민에게 공개할 필요는 없다. 하지만 적어도 국

   5부. 민주주의를 위한 디지털 백신

가가 공인한 전문가들에게는 이 알고리즘이 사회적 흉기인지 아닌지 검증받아야 한다. 식당 주방도 1년에 한 번씩 점검받는데, 전 국민의 뇌를 지배하는 유튜브 알고리즘이 감시의 사각지대에 있다는 건 말이 안 된다.

안전보다 중요한 비밀은 없다

비행기가 추락하면 우리는 반드시 블랙박스를 수거해 사고 원인을 분석한다. 지금 대한민국이라는 비행기는 알고리즘 조종석의 오작동으로 인해 추락하고 있다. 아이들은 병들었고, 정치는 내전 상태다. 그런데 조종사들은 "블랙박스는 영업 비밀이라 못 보여줍니다"라며 버티고 있다. 더 이상 참아줄 수 없다. 강제로라도 열어야 한다. 기업의 영업 비밀보다 국민의 생명과 정신 건강이 우선이다. 이것이 디지털 시대의 새로운 헌법이 되어야 한다.

투명성 위원회는 단순한 규제 기구가 아니다. 알고리즘 뒤에 숨어 막대한 이익을 챙기면서 사회적 비용은 나 몰라라 했던 빅테크 기업들에게 이제 그만 숨고 링 위로 올라오라고 명령하는 소환장이 될 것이다.

이재명 정부의 칼

가짜뉴스 수익 환수제

#45

가짜뉴스는 신념이 아니라 비즈니스다

극우 유튜버들이 왜 매일같이 "문재인이 200톤 금괴를 숨겼다" "부정 선거의 증거가 나왔다" "이재명이 곧 구속된다"고 떠들까? 그들이 정말 나라를 걱정하는 애국자라서? 천만의 말씀이다. 그렇게 자극적인 썸네일을 걸어야 하루에 수백만 원, 한 달에 수억 원의 슈퍼챗과 광고 수익이 터지기 때문이다.

반면 현행법은 너무나 무기력하다. 가짜뉴스로 여론을 선동해 수억 원을 벌어도 명예훼손이나 모욕죄로 고소당해서

내는 벌금은 고작 300만 원에서 500만 원 수준이다. 10억 원을 벌고 벌금 500만 원을 낸다면 순수익이 9억 9천5백만 원이다. 나라도 하겠다. 지금 대한민국에서 가짜뉴스는 '저위험 고수익'의 황금알을 낳는 거위다. 이 미친 비즈니스 모델을 깨부수지 않는 한, 백날 팩트체크를 해봤자 소용없다.

금융 치료가 유일한 답이다

그래서 이재명 정부는 칼을 빼들었다. 이재명 대통령이 당 대표 시절부터 강조해 온 '고의적 허위조작정보에 대한 수익 박탈'을 법제화한 것이다.

핵심은 '정보통신망법 개정안'과 '범죄수익은닉규제법'의 적용이다. 논리는 명확하다. 허위 사실을 유포해 타인의 명예를 훼손하고 사회적 혼란을 야기하는 행위는 단순한 표현의 자유가 아니라 '영리 목적의 범죄'다. 따라서 마약이나 도박개장죄처럼 가짜뉴스로 벌어들인 유튜브 조회수 수익, 슈퍼챗 후원금, 광고비를 범죄 수익으로 규정하여 전액 몰수 및 추징한다. "이미 다 쓰고 없는데요?" 해도 소용없다. 재산을 압류하고 경매에 넘겨서라도 끝까지 받아낸다. 돈 때문에 혐오를 판 자들에게는 돈을 뺏는 것이 가장 확실한 정의구현이다.

패가망신의 공포, 징벌적 손해배상제

수익 환수와 함께 피해 구제를 위한 '징벌적 손해배상제'가 반드시 도입되어야 한다. 이는 과거 민주당이 당론으로 추진했던 '언론중재법 개정안'의 핵심 조항인 "허위·조작 보도에 대해 손해액의 최대 5배까지 배상 책임을 지운다"는 내용을 유튜버와 1인 미디어까지 확대한 것이다.

미국의 사례를 보자. 미국의 극우 음모론자 알렉스 존스는 샌디훅 초등학교 총기 난사 사건이 조작되었다고 허위 사실을 유포했다가 유족들에게 소송을 당해 2022년 무려 15억 달러의 배상 판결을 받고 파산했다. 이것이 글로벌 스탠다드다. 5.18 민주화 운동을 왜곡하고, 세월호 유가족을 조롱하며 사회적 흉기가 된 자들은 단순히 계정 삭제로 끝나선 안 된다. '경제적 사형 선고'를 받고 패가망신해야 한다.

야당과 보수 언론은 '언론 재갈 물리기' '표현의 자유 위축'이라며 반발할 것이다. 하지만 이재명 대통령의 말처럼 "자유에는 책임이 따른다. 타인의 인권을 짓밟아 돈을 버는 자유는 민주주의 어디에도 없다". 독일 형법도 나치 찬양이나 혐오 선동 시 최대 징역 5년에 처한다. 표현의 자유는 진실과 책임 위에서만 성립하는 권리다.

시장에 확실한 시그널을 줘라

이 법안들이 통과되고 실제로 수억 원대의 배상 판결과 수익 환수 조치가 단 몇 건만 나오면, 시장은 즉각 반응할 것이다. 유튜버들은 공포에 떨며 스스로 영상을 내릴 것이고, 플랫폼 기업들은 연대 책임을 지기 싫어서라도 알아서 혐오 콘텐츠를 필터링할 것이다.

도덕적 호소는 통하지 않는다. 자본주의 괴물들에게는 자본주의의 채찍이 가장 확실한 치료제다. "가짜뉴스를 만들면 반드시 망한다." 이 확실하고 강력한 시그널을 시장에 심어주는 것. 그것이 이재명 정부 미디어 개혁의 완성이자 우리 아이들을 알고리즘 지옥에서 구해낼 마지막 안전장치다.

이제 백신은
준비되었다,
반격의 서막을 열어라

반성 끝, 반격 시작

우리는 5부를 통해 진보 진영이 왜 지난 디지털 전쟁에서 참패했는지 뼈저리게 복기했다. 우리는 그동안 대중의 '욕망'을 무시하고 도덕적 '계몽'에만 집착했다. 보수 진영이 공포 영화를 찍으며 대중의 감정을 흔드는 동안, 우리는 구석에 앉아 계산기를 두드리며 "우리 정책이 더 낫다"고 자위했을 뿐이다. 하지만 이제 우리는 깨달았다. 엄숙주의를 버리고 숏폼이라는 무기를 들어야 한다는 것을. '블루 알고리즘' 생태계를 만들어 혐오보다 더 강력하고 매력적인 재미를 선사해야 한다는 것을.

동시에 우리는 개인과 가정을 위한 백신도 처방했다. 미디어 리터러시는 고상한 공부가 아니다. 내 뇌를 지배하고 지갑을

털어가려는 알고리즘 사기꾼들로부터 나를 지키는 '호구

방지술'이다. 또한, 광장이 아닌 '밥상머리'가 민주주의의

최전선임을 확인했다. 부모와 자녀가 식탁에서 눈을 맞추고

대화하는 시간이 늘어날수록, 혐오 유튜버들이 설 자리는

좁아진다.

마지막으로, 우리는 자본주의 괴물들을 제압할 가장 확실한

칼을 뽑아 들었다. 알고리즘 투명성 위원회로 블랙박스를 열고,

가짜뉴스 수익 환수제라는 '금융 치료'를 통해 혐오가 돈이 되지

않는 세상을 만드는 것이다. 유럽과 호주의 결단처럼, 이재명

정부의 칼날은 망설임 없이 플랫폼의 책임을 물을 것이다.

이제 모든 진단과 처방은 끝났다. 디지털 백신은 완성되었다.

하지만 기억해야 한다. 아무리 좋은 백신도 주사기 안에만 머물러

있다면 무용지물이다. 이제 우리는 이 백신을 들고 현장으로,

학교로, 그리고 입법 기관으로 달려가야 한다.

혐오'라는 바이러스는 강력하지만, '연대'라는 백신은 혐오를

이긴다. 이제 수세적인 방어는 끝났다. 뇌를 해킹당한 시대를

끝내고 인간의 존엄을 되찾기 위한 민주 진영의 통쾌한 반격은

지금부터 시작이다.

01년생 정민철이
대한민국에게

우리는 알고리즘보다 뜨겁고, 혐오보다 강하다

살아남은 자들의 의무

책을 집필하고 있는 지금, 2026년의 새해가 밝았다. 창문을 열면 여전히 차가운 겨울바람이 불어오지만 나는 이 바람에서 전율을 느낀다. 우리는 살아남았기 때문이다.

2024년 12월 3일, 대한민국은 헌정사상 초유의 '디지털 계엄' 사태를 겪었다. 대통령의 눈과 귀를 가린 유튜브 알고리즘이 만들어낸 가짜 위기, 그리고 광장에 등장했던 장갑차들. 그날 밤 우리를 구한 것은 영웅이 아니었다. 스마트폰을 끄고 거리로 뛰쳐나와 서로의 손을 맞잡고 "민주주의를 지키자"고 외친 평범한 시민들이었다. 그 혼란의 밤, 우리는 비로소 깨달았다. 우리에게 주어진 유일한 힘은 인간이 가진 '진짜 연대'뿐이라는 것을.

나는 2001년에 태어났다. 올해로 만 스물넷이다. 솔직히 고백하건대, 나는 투사가 되고 싶은 생각이 없었다. 나는 그저 공연 예술을 좋아하고, 수영과 복싱으로 땀 흘리는 걸 즐기며, 친구들과 맛집 여행을 계획하는 평범한 20대 청년이다.

하지만 사랑하는 친구들이 인스타그램이 내뿜는 혐오 가스에 취해 "전쟁이 나야 한다"고 소리칠 때, 존경하는 부모님 세대가 "요즘 애들은 글러 먹었다"며 혀를 찰 때, 그 사이에서 누군가는 통역을 해야만 했다. 그래서 나는 드럼 스틱 대신 마이크를 잡았고, 여행 가방 대신 팩트체크 대본을 들었다.

내가 만든 청년 단체 '블루웨이브'는 그렇게 시작되었다. 우리는 거창한 이념 단체가 아니다. 우리는 파도다. 혐오라는 거대한 둑을 무너뜨리고, 고립된 섬처럼 떠 있는 세대와 세대를 연결하는 푸른 물결이다.

우리는 증명했다. 10대들은 괴물이 아니라는 것을. 올바른 정보를 주고, 익숙한 문법으로 대화하면 그들도 누구보다 정의로운 시민이 될 수 있다는 것을. 4050 부모님들은 꼰대가 아니라는 것을. 그들의 잔소리 속에 자식을 향한 깊은 사랑과 민주주의에 대한 열망이 숨어 있다는 것을. 우리가 서로를 괴물로 보게 만든 건, 오직 조회수에 미친 알고리즘뿐이었다는 것을.

이 책을 덮는 당신에게 묻고 싶다. 지금 당신의 스마트폰 속 세상은 전쟁터인가? 서로 죽이고 미워하고 조롱하는 지옥인가? 그렇다면 지금 당장 그 작은 기계의 전원을 꺼라. 그리고 고개를 들어 당신 곁에 있는 사람의 눈을 바라보라. 오늘 저녁 가족과 함께 밥을 먹으며 물어보라. "오늘 하루 어땠어? 많이 힘들었지?"

알고리즘은 우리에게 "분노하라"고 명령하지만 우리의 심장은 "사랑하라"고 뛴다. 기계의 속도에 휩쓸리지 말고 인간의 온도를 회복하자. 혐오의 시대를 건너는 유일한 방법은 우리가 서로를 포기하지 않고 끝까지 대화하는 것뿐이다.

"이거 진짜예요?" 네. 우리가 손잡고 만든 이 평화, 이 민주주의, 그리고 서로를 향한 이 마음. 이것만이 유일한 '진짜'입니다.

혐오가 아닌 사람을 믿으며,
정민철 씀.

김수혁 기자, 「마가(MAGA) 복음 행사장에서 목격된 '신세계' '정용진'의 흔적」, 시사IN, 2025.

류재민 기자, 「'성착취물·딥페이크 거래' 10대…'디스코드'로 공유」, MBC 뉴스데스크, 2024.

박진규 기자, 「청소년 도박사이트를 운영한 10대 총책의 실체」, 수사연구, 2024.

박진준 기자, 「"윤 어게인" 팻말 들고 행진…10대 게임으로 번진 '정치 선동'」, MBC 뉴스데스크, 2025.

선명수 기자, 「호주, 세계에서 가장 강력한 '청소년 SNS 금지법' 제정…16세 미만 이용 금지」, 경향신문, 2024.

손동준 기자, 「신앙 콘텐츠만 챙겨봤는데… 어? 극우 채널이 뜨네」, 국민일보, 2025.

유대근 기자, 「'노무현 조롱'이 놀이가 된 교실…교사들 "민원 무서워 아무 말 안 해요"」, 한국일보, 2025.

이오성 기자, 「극우 유튜브 알고리즘, 한 달 동안 빠져보니」, 시사IN, 2025.

임태훈 소장, 「탈북민 자녀 병사, 군 내 괴롭힘으로 생활관에서 투신-육군 1포병여단 입대 이후 '짱깨' '짭코리아' 혐오발언과 괴롭힘 끝에 투신으로 중상」, 군인권센터, 2025.

장서윤 기자, 「'서울대판 N번방' 충격… 변태적 성적 욕망에 61명이 당했다」, 중앙일보, 2024.

정민경 기자, 「인천공항 '떼쓰면 정규직'…역차별 논란 불붙이는 언론」, 미디어오늘, 2020.

정충신 기자, 「다문화가정 출신 입영장병 2030년 1만여명"…전체 5%, 지원책 시급」, 문화일보, 2024.

정충신 기자, 「"짱개·짭코리아"…생활관 2층서 뛰어내린 다문화 장병 '병영 왕따' 군사경찰 수사 중」, 문화일보, 2025.

한국갤럽, 「2025년 월별·연간 통합 – 대통령 직무 평가, 정당 지지도, 주관적 정치 성향 (1세별 주요 지표 포함)」, 데일리 오피니언, 2025.

한국국방연구원 국방인력연구센터 홍숙지, 「군 다문화 정책 발전 방향에 대한 제언」, 국방논단, 2024.

KBS·MBC·SBS 방송 3사, 「제20대 대통령 선거 방송 3사 공동 출구 조사」, 2022.

KBS·MBC·SBS 방송 3사, 「제21대 대통령 선거 방송 3사 공동 출구 조사」, 2025.

Australian Government, "Online Safety Amendment (Social Media Minimum Age) Act 2024", *Federal Register of Legislation*, 2024.

European Parliament and the Council of the European Union, "Regulation (EU) 2022/2065 on a Single Market For Digital Services and amending Directive 2000/31/EC (Digital Services Act)", *Official Journal of the European Union*, 2022.

1020 극우가 온다

초판 1쇄 발행 2026년 4월 15일

지은이 정민철
펴낸이 김선준, 김동환

편집이사 서선행
책임편집 한용선 **편집2팀** 최한솔, 오시정, 서윤아
디자인 정란
마케팅 권두리, 이진규, 신동빈
콘텐츠본부장 조아란
콘텐츠팀 이은정, 장태수, 권희, 박미정, 조문정, 이건희, 박지훈, 송수연, 김수빈, 현유진, 정지호
경영관리 송현주, 윤이경, 임해랑, 정수연

펴낸곳 페이지2북스 **출판등록** 2019년 4월 25일 제 2019-000129호
주소 서울시 영등포구 여의대로 108 파크원타워, 28층
전화 070) 4203-7755 **팩스** 070) 4170-4865
이메일 page2books@naver.com
종이 월드페이퍼 **인쇄** 더블비 **제본** 책공감

ISBN 979-11-6985-197-8 (03300)